世界哲學家叢書

三 宅 尙 齋

海老田輝巳著

1993

東 大 圖 書 公 司 印 行

國立中央圖書館出版品預行編目資料

三宅尚齋／海老田輝已著.--初版.--
臺北市：東大發行：三民總經銷，
民82
　　　面；　　公分.--(世界哲學家叢書)
參考書目：面
含索引
ISBN 957-19-1508-4(精裝)
ISBN 957-19-1509-2(平裝)

1. 三宅尚齋-學識-哲學

131.43　　　　　　　　　82003871

© 三 宅 尚 齋

著　　者　海老田輝已
發 行 人　劉仲文
產權作財　東大圖書股份有限公司
總 經 銷　三民書局股份有限公司
印 刷 所　東大圖書股份有限公司
　　　　　復興店／臺北市復興北路三八六號六樓
　　　　　重慶店／臺北市重慶南路一段六十一號
　　　　　郵撥／○一○七一七五一○號
初　　版　中華民國八十二年十月
編　　號　E 13009②
基本定價　肆元貳角貳分
行政院新聞局登記證局版臺業字第○一九七號

東大圖書公司

編號 E 13009①

ISBN 957-19-1508-4 (精裝)

「世界哲學家叢書」總序

　　本叢書的出版計畫原先出於三民書局董事長劉振強先生多年來的構想，曾先向政通提出，並希望我們兩人共同負責主編工作。一九八四年二月底，偉勳應邀訪問香港中文大學哲學系，三月中旬順道來臺，即與政通拜訪劉先生，在三民書局二樓辦公室商談有關叢書出版的初步計畫。我們十分贊同劉先生的構想，認為此套叢書（預計百冊以上）如能順利完成，當是學術文化出版事業的一大創舉與突破，也就當場答應劉先生的誠懇邀請，共同擔任叢書主編。兩人私下也為叢書的計畫討論多次，擬定了「撰稿細則」，以求各書可循的統一規格，尤其在內容上特別要求各書必須包括 (1) 原哲學思想家的生平； (2) 時代背景與社會環境； (3) 思想傳承與改造； (4) 思想特徵及其獨創性； (5) 歷史地位； (6) 對後世的影響（包括歷代對他的評價），以及 (7) 思想的現代意義。

　　作為叢書主編，我們都了解到，以目前極有限的財源、人力與時間，要去完成多達三、四百冊的大規模而齊全的叢書，根本是不可能的事。光就人力一點來說，少數教授學者由於個人的某些困難（如筆債太多之類），不克參加；因此我們曾對較有餘力的簽約作者，暗示過繼續邀請他們多撰一兩本書的可能性。遺憾

的是，此刻在政治上整個中國仍　處於「一分為二」的艱苦狀態，加上馬列教條的種種限制，我們不可能邀請大陸學者參與撰寫工作。不過到目前為止，我們已經獲得八十位以上海內外的學者精英全力支持，包括臺灣、香港、新加坡、澳洲、美國、西德與加拿大七個地區；難得的是，更包括了日本與大韓民國好多位名流學者加入叢書作者的陣容，增加不少叢書的國際光彩。韓國的國際退溪學會也在定期月刊《退溪學界消息》鄭重推薦叢書兩次，我們藉此機會表示謝意。

原則上，本叢書應該包括古今中外所有著名的哲學思想家，但是除了財源問題之外也有人才不足的實際困難。就西方哲學來說，一大半作者的專長與興趣都集中在現代哲學部門，反映著我們在近代哲學的專門人才不太充足。再就東方哲學而言，印度哲學部門很難找到適當的專家與作者；至於貫穿整個亞洲思想文化的佛教部門，在中、韓兩國的佛教思想家方面雖有十位左右的作者參加，日本佛教與印度佛教方面卻仍近乎空白。人才與作者最多的是在儒家思想家這個部門，包括中、韓、日三國的儒學發展在內，最能令人滿意。總之，我們尋找叢書作者所遭遇到的這些困難，對於我們有一學術研究的重要啟示（或不如說是警號）：我們在印度思想、日本佛教以及西方哲學方面至今仍無高度的研究成果，我們必須早日設法彌補這些方面的人才缺失，以便提高我們的學術水平。相比之下，鄰邦日本一百多年來已造就了東西方哲學幾乎每一部門的專家學者，足資借鏡，有待我們迎頭趕上。

以儒、道、佛三家為主的中國哲學，可以說是傳統中國思想與文化的本有根基，有待我們經過一番批判的繼承與創造的發

展，重新提高它在世界哲學應有的地位。為了解決此一時代課題，我們實有必要重新比較中國哲學與（包括西方與日、韓、印等東方國家在內的）外國哲學的優劣長短，從中設法開闢一條合乎未來中國所需求的哲學理路。我們衷心盼望，本叢書將有助於讀者對此時代課題的深切關注與反思，且有助於中外哲學之間更進一步的交流與會通。

　　最後，我們應該強調，中國目前雖仍處於「一分為二」的政治局面，但是海峽兩岸的每一知識分子都應具有「文化中國」的共識共認，為了祖國傳統思想與文化的繼往開來承擔一分責任，這也是我們主編「世界哲學家叢書」的一大旨趣。

傅偉勳　韋政通

一九八六年五月四日

自　序

　　最初，引起我對三宅尚齋之敬佩的，是在九州大學中國哲學史研究室片斷研讀《默識錄》之時。此後，我又拜讀了《日本的朱子學》（上）和岡田武彥先生（九州大學名譽教授，哥倫比亞大學客座教授）的《江戶時期的儒學》、《楠本端山》、《山崎闇齋》等著作，遂被尚齋的深邃學思和高邁人品深深打動了。另外，我在讀了尚齋的著作及尚齋友人、門人的著作後，不僅為尚齋的學問思想之博大精深所感動，而且更為其師闇齋和其前輩佐藤直方、淺見絅齋的無與倫比之偉大人品所感動。

　　在日本的儒學家中，尚齋的最突出之處在於：體悟儒教的本質，以儒教為宗教，依靠儒教之道而建構學問，並且使之活用於教育、政治和經濟。一九九〇年，我的《三宅尚齋》一書由明德出版社作為「日本思想家叢書」第十二冊刊行。在該書中，我雖對尚齋的事迹、學問、思想作了闡述，但限於字數，好些內容不得不刪除了。在這次重寫中，我既對與尚齋思想聯繫甚密的李退溪和楠本端山等人物作了展開論述，又對尚齋的重要思想「祭祀來格說」及其基於「大義名分論」而表現出的赤穗義士之品節作了展開論述。

　　山崎闇齋的著作，在戰前和戰後，分別由日本古典學會和白鵝社出版了「山崎闇齋全集」；佐藤直方的著作，在戰爭期間和戰後，也出版過「佐藤直方全集」。不過「佐藤直方全集」在戰

前出版時，其中的〈中國論集〉、〈湯武論〉等篇卻被全部刪去。因爲在這些作品中，有不視日本國體爲絕對之國體的觀點。而有關淺見絅齋的研究著作、論文等則大多出版發行。至於淺見的著作，在大正四年（1915年），就由淺見絅齋先生遺著編纂會出版了六十八卷本的「全集」。闇齋和絅齋，都是立足於儒教的春秋之義，尊崇本國的民族和國家。正因爲他們體悟到符合日本國情的聖賢之道，並強調實踐之，所以他們的思想是被當時的社會所受容的。特別是從戰前到戰爭期間，因鼓吹國粹主義，故闇齋的民族主義和絅齋的尊王思想被大加利用，而有關他們的著作，也被大量出版，其中尤以絅齋的著作出版較多。戰後的昭和三十三年，又出版了「淺見絅齋全集」（油印本全三冊）第一冊。

　　然而，有關三宅尚齋的東西，不用說參考文獻，就連尚齋的著作亦極少刊行。這是爲什麼呢？因爲尚齋以中國爲世界的中心，他所體悟並依據的是儒教的本質，即所謂儒學之道。這樣的思想，從戰前到戰爭期間，對於以輕率的國家主義、帝國主義爲基礎的侵略思想來說，顯然是不能接受的。

　　由尚齋門人留守希齋編纂的「三宅子全書」和「續集」以及由名古屋的尚齋派傳人永井希哲編纂的一百三十八卷「三宅子全書」和二卷「續集」（明治二十七年序），現在都已散佚了。尚齋的全集至今尚未被刊行。儘管有明治時代的「日本倫理彙編」之《默識錄》和昭和十年（1935年）前後松雲堂、虎文齋的《默識錄》、《白雀錄》（楠本碩水門人岡直養校訂）等著作出版過，但這些書現已很難找到。在昭和十四年（1939年）刊行的《近世日本的儒家》（德川公繼宗七十年祝賀紀念會）中，見不到有關尚

齋的研究論文，甚至在所收的論文中連尚齋的名字也幾乎沒有。即使有，也不過是單純的人名記錄。戰後，學術界雖然有了研究尚齋的著作和論文，但是關於尚齋的學統，則由久米訂齋、宇井默齋、千手廉齋、月田蒙齋、楠本端山、碩水兄弟、楠本海山和楠本正繼博士所繼承，而楠本正繼博士的學說，即楠本學，又被以九州大學文學部中國哲學史研究室和教養部宋明文化研究會爲中心的內外門弟及友人所繼承。此外，也有該系統的旁支如山縣大貳、橋本左內、小笠原敬齋等人。左內、敬齋與幕末維新時期的蒙齋及端山、碩水兄弟一起，爲近代日本的來臨作出了卓越貢獻。

在本書完成之際，我要由衷地感謝從本書起草到脫稿一直給予精心指導的我的老師岡田武彥先生。記得平成元年(1989年)一月由明德出版社出版的《三宅尚齋》一書脫稿後，同年五月我得以與町立高鍋圖書館(宮崎縣兒湯郡高鍋町)的岩村進館長相識，此後，岩村館長便向我提供了三宅尚齋及其門流的全部著作。還有京都大學圖書館也向我提供了《尚齋先生文集》。所有這些，都使我能在充分利用大量新材料的基礎上，完成了由東大圖書公司印行的新的《三宅尚齋》(「世界哲學家叢書」) 一書。對於上述機構和友人，我要致以深深地謝意。

1993年7月31日

三 宅 尙 齋

目 次

第一章　傳　記

　　三宅尚齋，諱重固，幼名小次郎，名丹治，尚齋是其號。寬文二年（1662年）生於播磨國明石（現兵庫縣明石市）。曾祖父叫三宅長門守八右衞門，是播磨國三木城主別所長治的老臣三宅肥前守的外甥（又說是弟弟）。三宅肥前守在天正八年（1580年）三木城被豐臣秀吉攻破時，與主君別所長治一起自盡。事後八右衞門移居丹波國，另謀再起，但終因未捕捉到良機，終老篠山。祖父小次郎，不奉仕，死於正保三年（1649年）。父重直，慶長六年（1601年）出生於播磨國高砂，仕事丹波篠山侯松平山城守忠國，爲平出與一兵衞重正之養子。忠國轉封明石，重正亦隨行前往。重正最初爲養子重直娶橫山氏之女爲妻。婚後生二女，無子，故以女婿井上重治爲養子。重治雖爲養子，但在平出家則被視作第一子。重直在其妻橫山氏歿後，又娶明石藩主吉田長右衞門（生於元和二年，仕事福智山城主稻葉淡路守，寬永十一年依附明石侯）之女爲後妻（《道學淵源錄》，〈尚齋先生實記〉下）。

　　尚齋的大姐叫自閑，比尚齋大十一歲（同上），元祿九年（1696年）四十四歲去世。其夫以重治平出氏之婿養子的身分，出仕松平侯。松平侯改易後成處士，則重治一時窮困潦倒，但得尚齋之助，生計得以渡日。後松平侯被封爲中務少輔，奉祿二萬石，重治遂再度出仕，寶永五年（1708年）去世。

二姐名重，嫁予播磨國三木郡竹原（現兵庫縣美囊郡吉川町稻田）的醫師岩崎以春爲妻，生有一女，名締。重將女締許配給隣邑箱木（米田）的味池孫太夫忠正之次子，生四子二女，長子味池修居，後赴京就學於淺見絅齋，絅齋死後師事尚齋，是尚齋門下的三傑之一。享保十三年仕事唐津侯土井大炊頭一年。著有《南狩錄》及其他作品。二姐重於享保四年（1719年）七月十九日逝世。二姐重之女締，在尚齋貧窮時，曾養育過尚齋的長女佐世。尚齋父重直死後，葬於重出嫁的播磨國三木郡竹原（岡直養〈拜味池修居墓記〉），墓牌上刻着三宅自閑四個字。據前引《道學淵源錄》（〈尚齋先生實記〉下）載：「重直老致仕，號自閑齋」，可知，尚齋出生時（父六十二歲，母二十九歲），其父母也許住在三木郡竹原。因此，可推定尚齋的出生地是三木郡竹原。正如平野庸修的《播磨鑑》（寶曆十二年，1741年）所記載的：「三宅丹治，號尚齋，生於三木郡吉川竹原村，初仕武州阿部家，後居京都，下江戶，相見諸侯。」

仲兄重清，萬治三年（1660年）父重直與母吉田氏所生，比尚齋大兩歲，名三太郎，後改名莊兵衞。仕事松平日向守信之，延寶七年（1679 年）藩主轉封大和郡山，重清亦隨藩主移遷郡山。貞享三年（1687年）藩主又被封爲下總右河，重清遂移居右河。同年去世。無後嗣（《道學淵源錄》，〈尚齋先生實記〉中）。

據說尚齋仲兄重清因思念其母，故父死後翌年，當藩主轉封郡山，其亦隨行至郡山後不久，就立刻養母盡孝去了。其母由於不願離開播州三木郡竹原，所以尚齋與弟重一一直在母親身旁侍奉。據《道學淵源錄》（〈尚齋先生實記〉下，〈行狀〉）說：

仲兄重清臥床不起時，還念念不忘要接母親來右河，以盡己之孝
心。重清去世時，尚齋正住在江戶，聞訊後直奔右河，參加了在
右河城內正常寺舉行的葬禮。母死後，重清屍體又與母一起葬於
江戶麻生的善福寺。

弟重一。據《道學淵源錄》載：重一生於寬文八年（1668
年）八月十六日明石。名孫太郎，後改名雨八郎，又稱與八郎，
再後又改名爲甚藏、直經。重一比尚齋小六歲。延寶六年（1678
年），重一十一歲，父去世，翌年，長兄重治夫婦隨藩主轉封郡
山，仲兄重清亦一塊前往，而重一則與兄尚齋一起留在京都和播
州侍奉老母。貞享三年（1886年），十九歲的重一因尚齋的友人
槙元眞（山崎闇齋的弟子，戶田光澄的老臣）之推舉，仕事戶田
光澄。元祿九年（1696年），重一二十九歲，仕事丹州龜山的城
主久世侯。妻爲菊地氏，生直元、山次郎（早逝）、直道、直正、
又三郎（早逝）五子，又與婢女生有一子，名邦光。據《道學淵
源錄》載：

直經家譜曰：重固君吾之兄。恩同父，義同君，今嗣子卒
無後，乃重固君祭祀絕矣。吾深慼之。直經今有子四人，
而二人為本家及亡兄之嗣。尚有二人。宜使一人嗣祭。直
經若申之，先生不肯。曰：吾固隱士，無產業可遺也。門
人多田儀，至京師勸之曰：先生有一男，不幸早逝，今以
令弟甚藏子之子，為先生之嗣。以一平子為附主而可也。
若為一平子嗣，則亂昭穆矣。令弟今有四男，後必有孫
男。令姪甚平子，雖已有子，人之嫡子不可奪。令弟今幸
有二子，儀請以一人為一平子嗣。使勉學以繼先生之業，

　　　亦為一時也耳。先生曰：諾。然則汝以告於直經及直元，
　　　他日以孫行一人為一平之嗣。吾無遺恨矣。儀歸江府告之
　　　直經、直元。父子大喜。

　　直道後成為尚齋之仲兄重清的嗣子，邦光後則成為三宅宗家（尚
齋父重直之兄三宅重正的兒子重房）的嗣子。另外，直元之子才
次郎後來亦成了尚齋之子一平（重德）的嗣子。重一在其兄尚齋
從忍（埼玉縣行田市）的牢獄裏被釋放後，就讓尚齋住在自己家
裏，精心照料了一段時間，地點在下總的關宿。這是因為重一隨
其父跟着轉封的藩主遷移到了三河的吉田和下總的關宿。

　　尚齋的伯父是三宅重正，叔父是三宅重永。重正之子重房是
近江國大津的坊令小野半之助的屬吏。重永之子是重福。

　　尚齋的事跡，從其出生到十六歲一段現已很難窺知。《道學
淵源錄》記載着：「年十七喪父，哀毀過人，鄉黨驚嘆，既知為
人不凡。」而延寶六年（1678年）以後的事跡，可知道的相當詳
細。翌年十八歲，尚齋遵父遺命前往京都學醫，名稱平出友益。
同年，松平忠國之子松平日向守信之從明石被轉封到大和郡山
（年俸八萬石），尚齋兄弟二人亦隨行前往。原來是遵父之遺命
而學醫的，但尚齋認為學醫難以出人頭地。其理由且待後述。延
寶八年（1680年），尚齋十九歲，師事山崎闇齋，被授以《大學》
講義。也即該年，由姓平出恢復原姓三宅，束髮後又名雲八郎，
後改為儀平（《道學淵源錄》）。

　　《尚齋先生文集》卷中〈偶記〉中揭載着延寶七年十八歲的
尚齋初去師事闇齋的情形：

延寶七年己未十一月七日，敬義先生始講《大學》，重固其二三日前始見先生。先生之講《大學》，一日講《章句》，後一日講〈或問〉，復一日講《大學筆錄》，其他《論》、《孟》亦交講。《集注筆錄》、《中庸輯略》，世傳幾希，先生出數十金，買得鋟板小學書，得本注於《小學集成》中，而表出刊之。

天和二年(1682年)，卽尚齋二十一歲那年，山崎闇齋去世，享年六十五歲。據《道學淵源錄》載，尚齋只師事闇齋約兩年。同書〈尚齋先生實記‧續錄〉(山田政，寬政十年，1798年) 則曰：「時，山崎翁教授都下，門徒大廣。先生辭絅齋，受業於翁門。五年而翁卒。」板倉勝明的〈尚齋三宅先生傳〉 (「甘雨亭叢書」，《狼疐錄》所收) 裏也記有：

先生諱重固，字實操，三宅氏，父重直，為人後，冒平出氏，產先生於播之赤石(明)。先生十六喪父，報喪過哀，服闋，以遺命學醫于京師。後受業山崎闇齋之門，僅三年而闇齋卽逝。

根據板倉勝明的〈尚齋三宅先生傳〉，所謂「服闋，以遺命學醫於京師」這則資料可以推斷，尚齋之父應死於延寶五年(1677年)，時尚齋十六歲。我們不能將這段文字理解為，尚齋是為了學問而放棄為父服喪、上京學醫的。另外在《偶記》中，對尚齋師事山崎闇齋的時間和最初見面時及以後數日間山崎所講授的內容也作了明確的記載。檢討〈偶記〉和〈尚齋三宅先生傳〉可知，

尚齋師事闇齋的時間，應爲延寶七年，時尚齋十八歲。

闇齋死後，尚齋又就學於同門的佐藤直方和淺見絅齋。佐藤、淺見二人都比尚齋年長，且師事闇齋多年，故與尚齋爲友。當時，尚齋弟重一也住在京都的尚齋居處。貞享二年(1685年)，尚齋二十四歲，大和郡山藩主松平信之轉封下總右河(九萬石)，尚齋兄弟亦一起移居右河。尚齋意欲接母吉田氏來右河，然母不願移居，故尚齋只好與弟一起返鄉盡孝養之心。《道學淵源錄》曰：「貞享二年乙丑，先生與弟直經，爲母養，如京及攝與播。」可見，貞享二年尚齋是去過京都和其母之居住地播州三木郡竹原以及攝州的。攝州大概可以推定是其母的出生地。尚齋的外祖父吉田長右衞門是丹波福智山城主稻葉淡路守的臣僚，而稻葉氏當攝津中島的藩主到寬永元年 (1624年) 爲止。因尚齋的母親生於寬永十一年 (1634 年)，所以攝州也許並不是其母的出生地。但卽使如此，攝州與其母之娘家卽吉田氏家也有着某種關係。關於攝州，《道學淵源錄》中有這樣一條注腳：「攝州島下郡三宅邑農家，有三宅又左衞門同半內子權兵衞者。貞享中三宅近平重信，訪三子家，究氏族所出不明。」

貞享三年 (1686 年)，尚齋二十五歲，二月，次兄重清死於右河城下，享年二十七歲。尚齋作哀悼之辭。在悼辭裏，他表達了對兄長之死的痛惜之情和對兄長的感激之心：

> 先兄資質過厚。事親孝而敬，撫弟妹和而教。俸祿所納，總委於先姚吉田氏，終身不由於己。爲重固遠遊，其所費不少，而不敢歷心。使之優學，移居於右河日，先姚尚播之竹原，丙寅春將迎來於右河，未果而卒。(《道學淵源

錄》）

　　當時尚齋正在江戶，聞先兄死訊後便趕赴右河，參加了在城下正常寺舉行的葬禮。同年夏，與弟爲奉養母親而定居江戶，住在江戶麻布長坂的戶田孫三郎光澄的家裏。光澄是美濃加納藩主家族的人。光澄的老臣愼七郎左衞門元眞曾因闇齋的推薦而就學於尚齋，並托尚齋之福，成了愛好學問的戶田光澄的部下。尚齋弟重一也在此時成爲光澄的部下。就在這年，尚齋寫了《大學劄記》，翌年又寫了《鬼神來格辨》，元祿二年（1689 年）完成了《拘幽操筆記》（根據該書後跋，當寫於元祿二年，現存版本是尚齋於元文四年冬，卽去世前一年，委託給弟子留守友信保管，並由友信鈔寫的）。

　　元祿三年（1690 年），尚齋二十九歲，仕事於武藏國忍（現埼玉縣行田市）藩主阿部豐後守正武，兼習政事和學問。此後到四十八歲爲止，約二十年間，他一直仕事於正武及其子正喬。忍與中仙道的熊谷宿相近，是自八王子路經館林而至日光的日光街道的要衝。在戰國時代，忍是北條氏的屬下成田氏之領地，忍城據說是座難攻難破之城，豐臣秀吉雖攻下了北條氏的小田原城，但卻攻不下忍城。天正十八年（1590 年），自德川家康支配關東以後，松平家忠以一萬石俸祿受封該城，後分別由松平忠吉（家康的第四子）、酒井忠勝（曾受封於武藏國深谷）和松平信綱（曾受封於相模）接替。寬永十六年（1639 年），又由曾受封於下野國壬野的阿部豐後守正武的祖父阿部忠秋接替。忠秋受封時，俸祿是五萬石，後來又增加到八萬石。到正武的父親正能時，俸祿已達到九萬石，而從正武開始俸祿則達到了十萬石。與松平信綱

的才智和銳氣相比較，阿部忠秋的人品是忠厚的，故深受三代將軍德川家光的信任。自受封忍城主以後，忠秋作爲朝中老臣，經歷了鎖國令的實施和由比正雪之變❶等重大事件。這段時間，他雖多數時光居住在江戶，但作爲忍城之主，則在忍城達三十二年之久。阿部忠秋以前的忍藩藩主交替十分激烈，城主的在任時間大都很短。惟忠秋、正能、正武和正喬受封期較長，特別是尚齋曾仕事過的阿部正武，因深得五代將軍德川綱吉的信任，故任藩主的時間更久。但正武的後代正允、正敏、正識、正由和正權則官運較差，且遇到了嚴重的財政困難。儘管如此，阿部家族任職忍城主的時間仍持續了八十五年之久（小野文雄《第二期物語藩史》第二卷〈忍藩〉，昭和四十一年人物往來社版）。

　尚齋以近習兼學事仕事於阿部正武，在江戶時，據考證住在廐生百姓町。如果對從元祿三年至一百十七年後的文化四年的忍藩作一調查，就可發現，五十石以上的祿米受給者（知行取）是一百二十人，一百石左右的有四十三人，二百石左右的有二十四人，其他都是俵米（扶持米）受給者。另外，當時居住於忍城者有二百九十人，其中一百人是江戶藩邸詰者和攝津領代官（同上書❷）。忍藩的江戶藩邸分爲上、中、下屋敷，上屋敷從外櫻

---

❶　由比正雪之變——又叫慶安事件。指慶安四年（1651 年），由比正雪、丸橋忠彌等浪人密謀推翻江戶幕府的事件。三代將軍德川家光時代，有許多藩主被削了藩，導致衆多武士失去爲官之道而成爲浪人。家光死後，在四代將軍德川家綱時代，懷有不滿之心的浪人們，在正雪、忠彌的率領下，密謀推翻幕府。但事發前走漏了消息，結果正雪自殺，有牽連者均受到處罰。

❷　江戶藩邸詰者與攝津代官——江戶時代，德川幕府爲防止藩主的反叛，特製定了參勤交代制度，卽要求各藩把藩主及其妻子寄托在江戶，以作爲人質。各藩藩主及其家臣的住居亦被建在江戶。此外，幕府賜予藩主的領地有大小、遠近之分，比如忍藩主阿部正武的領地主要以武藏國爲主，而較遠的攝津國則只有很小的領地。而且幕府還向較遠的藩國派遣「代官」，代官主要從事支配地方的年貢收納等事務。

田移置一橋後又移置增上寺附近，中屋敷在麻布百姓町，下屋敷在深川及下新堀。元祿三年，尚齋寫了《慎術說》一書（據說到元祿八年該書又作了追加記述）。兩年後的元祿五年（1692年），他與忍藩士田代源右衛門信安的二女久米結婚。當時尚齋已三十一歲，而久米才十六歲。半年後，剛經歷了新婚喜悅的尚齋卻體驗到了母親吉田氏去世的悲哀。其母吉田氏於八月九日死於忍藩江戶屋敷，享年五十九歲。臨終的前一天，她躺在床上呼叫着尚齋，並指着花瓶的插花說：「人之生死，猶花開謝耳。汝勿悲我死，從化逝而已。」她還留下遺言，要求子女們力行節用，禁止奢華，兄弟間要和睦相處。尚齋對兄弟們無微不至地愛護，其弟兄無一人不得志，這正是母親吉田氏家庭教育的結果（《道學淵源錄》注）。

尚齋對母親的去世極為悲痛，稱自己為「不卒」，與愛妻久米服喪三年。所謂「不卒」，意指：「母親已離世而去，而自己卻不能終了此生。」尚齋先把母親葬在芝的增上寺花岳院內，兩年後才改葬麻布的善福寺，此時為元祿七年。

元祿六年（1693年）九月一日，尚齋繼淺見絧齋的《養子辨證》之後，著成《養子辨證附錄》。十一月，長兄重治仕事的古河藩主松平忠之遵照幕府命令，宣布廢藩，家臣們只得紛紛離散。對此，《道學淵源錄》（〈尚齋先生實記〉中）記載道：

六年癸酉，十一月，古河侯國除，臣庶離散。先生又使直經迎兄重治及其妻（重治妻乃尚齋大姐，稱自閑——著者注）、與女姪單於江戶（十二月二十七日到達，寓尚齋之宅）。

關於古河侯封位的廢除，《日本史辭典》（昭和四十一年角川書店版）的〈近世大名配置表〉和《古河市史》都認爲是元祿七年（1694 年），但筆者在此仍以《道學淵源錄》（〈尚齋先生實記〉中）爲據。另外，在《德川加封除錄》（藤野保校訂，近藤出版社，昭和四十七年、五十六年版）第一卷裏，也把古河藩廢除的時間定在元祿六年。不過，據《道學淵源錄》（〈尚齋先生實記〉下）的另一記載，尚齋長兄重治在廢藩後與家族一起投靠江戶尚齋之時間，是貞享三年（1686年）十一月。試將有關內容鈔錄如下：

> 丙寅二月走次兄重清喪。……十一月古河侯有故國除。臣子皆離散。長兄重治及姪女，亦在離散之中、先生使重一往古河，携重治及家累歸江戶，寓先生市中宅。先生事之，甚得其歡心。重治常以為過，當懇謝。先生謂重一云：「有母有兄，多家累而極貧，恐養母之無具甘美，汝宜自勵志成業，以為仕官之具。」於是重一勤學讀書，晝夜不怠，遂成材矣。元祿三年庚午，先生年二十九，道既通筮，仕武之忍侯。

貞享三年，尚齋母親還健在。該年七月，古河藩主松平忠之爲其弟松平越中守信通分封大和國，俸祿一萬石（《德川加封除錄》），並對家臣人員亦做了適當調整。所以據我的分析，《道學淵源錄·尚齊先生實記·下》的這一記載，也許是把重治亦作爲人員調整之對象了，不過對此尚無具體資料證明。總之，我還是認爲把重治及其家族投靠尚齋的時間定在元祿六年十一月較爲

妥當。

元祿七年（1694 年），當五代將軍德川綱吉來忍侯藩邸訪問時，尚齋宣講了《論語》的〈學而篇〉，將軍對該講義極感興趣，特下賜時服，以資獎賞。綱吉將軍在漢學中最欣賞的還是朱子學，並且親身去體驗和學習朱子學，所以他到忍藩後也宣講了《大學》傳三章。

翌年，三十四歲的綱吉將軍到江戶麻布的藩邸訪問，與去年同樣，他又聆聽了尚齋的演講。

元祿九年（1696年）三月十日，大姐平出自閑因病去世，享年四十四歲。因自閑是其丈夫重治和尚齋等的親姊妹，故被葬在母親吉田氏安葬的麻布善福寺。自閑比尚齋大十一歲，與尚齋二姐重同為前母橫山氏所生。橫山氏死後，便由繼母吉田氏撫養。從《道學淵源錄》可知，尚齋周圍的兄弟姊妹、親戚，其關係都非常和睦溫暖。我以為，這與吉田氏的訓戒甚至尚齋的人格影響都是有關係的。尚齋在自閑病情垂危之際，就曾精心照料過大姐，望其快癒（《道學淵源錄》注）。

因幕府實施「生類憐愍令」，江戶市民深受課稅嚴罰的苦難，尚齋從元祿七年開始，以阿部正式老臣的身分，提出改革的建議，並為取消徵稅此一惡法而獻計獻策。最後由於建議未被探納，故尚齋稱病蟄居，請求致仕（辭官退隱）。然而致仕的請求未被允許，藩守阿部豐後守正武命他為嗣子飛彈守正喬（正武沒後改稱豐後守）教授經書。十二月，在得到同意後，尚齋移居到江戶麻布的別邸居住。元祿十年（1697 年），三十六歲的尚齋寫了《座右箴》，書中引用了較多朱子座右語（如「平居儼然」，「腰背生直」）、孔子座右語（如「瞻視尊重」）及其他座右語（即四

字熟語)，其目的是試圖對人們的日常生活有指導作用。當時，由於「生類憐憫令」等，人民對綱吉的政治普遍不滿。尚齋再次向藩主正武提出了取消政令的建議，但仍不被正武所接受。翌年(元祿十一年)二月三十一日，尚齋妻久米去世，享年二十有二，葬於麻布善福寺。後來，尚齋提出的致仕要求不僅未被允許，反而被提昇到給人的地位，俸祿一百三十石。給人即戰國時代得到保證和恩賜的土地的支配者，亦即江戶時代大名的家臣中實際獲得知行地的人。尚齋不得已，只好繼續從政，但把官邸從麻布移置江戶本所高橋。

元祿十二年 (1699 年) 二月二十四日，三十八歲的尚齋在先妻久米去世後，又娶了久米之妹清 (田代源右衞門的三女) 為妻。十月十四日，尚齋講授了《大學》傳五章，稻葉正義作了筆記。稻葉正義號迂齋，元祿十一年師事尚齋，元祿十三年後師事佐藤直方。此時，尚齋又完成了《大學傳五章講義》以及《淺見安正先生學談》(尚齋編集)。元祿十三年，忍侯根據幕府的命令，擔任了日光東照宮代拜的職務，而尚齋則成了舍館的官吏。

元祿十五年(1702年)，尚齋四十一歲時，長男重德 (一平) 出生。年末的十二月十五日，發生了大石內藏助良雄等赤穗浪士討伐吉良上野介義央的事件。翌年，尚齋應邀擔任阿部正武嗣子正喬的侍講，正武還特別賜給他黃金十兩。但尚齋仍要求致仕，不被批准，乃託病蟄居，潛身在家七個月。這時，尚齋改稱為儀左衞門。尚齋在擔任正喬侍講期間，導之以誠正，有過必直諫(《道學淵源錄》注)。

寶永元年 (1704 年)，忍藩主阿部正武逝世，嗣子正喬繼任藩主。尚齋上書，望辭去侍講職務，不准。時值幕府全力抑制因財

政因難而飛漲的物價和房租,並嚴格禁止有關時事的歌謠和狂言。翌年,尙齋四十四歲時,幕府命忍藩主正喬對芝之增上寺的清楊公（甲府公文照廟之父）廟加以改造。尙齋承擔了工事的監督、出納等工作,並做得相當出色。

寶永三年(1706年),尙齋四十五歲,致仕的心願更加強烈,再度申請退職,又遭拒絕,故再次託病蟄居。他把自己的住處稱作「天山」。至於致仕的理由,據《道學淵源錄》和《近世畸人傳》載,是因爲:「世子遊於靑樓,尙齋諫之而不可,近侍之出奔,亦爲其諫之不見聽也。」（〈尙齋先生實記〉下）「初仕於阿部侯,爲嗣子之師。嗣子尋花問柳,游手好閑,尙齋憂心如焚,再三諫言,然嗣子置若罔聞。」就是說,尙齋致仕的直接原因是因爲藩主正喬的昏庸無能。另外,藩內陷害人的姦賊（靑蠅）飛揚跋扈,也是尙齋致仕的原因之一。故《道學淵源錄》說:「時,靑蠅營營益甚,先生不忍,頻請致仕。」（〈尙齋先生實記〉下）

寶永四年(1707年),四十六歲的尙齋愈加強烈地要求致仕,並請求到攝州養病,終於激怒藩主正喬。五月十四日,尙齋在江戶屋敷遭逮捕,同月二十三日被押到忍城,監禁在城內的一幢房子裏。在遭逮捕的約半個月前,尙齋把自己當時的想法和心境記述在《白雀錄》裏:

> 君臣以義合,不可則去。是天地之常經、古今之大義,不可易者也。然世在上之人,以爲如此,則其情之疏,何以棄其身,盡其心矣?而以阿諛逢迎,浮智辯佞,走於事、赴於功之士,爲左右輔弼之良臣。不知不可則去之士,而後能致棄身、盡心、成事、立功於義合之君矣。此篇所

載，一周年事，此義讀之，則見我人非自私之意乎。且我
人服田之曰：寒而讀之則暖，餓而誦之則飽。假令轉於溝
壑，亦暖飽於所謂大義，則其何有遺恨也。但白雀之已得
而復失之，嗚呼天哉！

《白雀錄》共二卷，記述了從寶永元年到寶永四年尚齋被捕
前發生的事情。在序文裏，尚齋闡述了自己對君臣之義的看法。
序文開頭有「寶永四年二月初，忍藩侍臣乘附爲春捕白雀」一
語。據說白雀因爭脫牢籠而飛走，故爲春嘆曰：「白雀不白雀，
想必鳳之雛也哉！」

《白雀錄》中所謂「君臣以義合，不可則去」，乃是以《論
語·先進篇》中孔子與季子然對話時，孔子所說的「所謂大臣，
以道事君，不可則止」爲理論根據的。而尚齋對藩主的諫言，無
疑也是以孔子的所謂當君主行爲不正時臣就得以誠諫之乃臣之道
的思想（子曰：「勿欺也，而犯之。」）爲依據的。

尚齋被捕後被囚禁在忍城，時值寶永四年五月十四日。這種
囚禁生活大約過了兩年，到寶永六年一月十七日才被釋放。被捕
前，他對前來訪問的稻葉迂齋（名正義，當時正師事佐藤直方）
傾吐了自己的心境及家族的情況，並闡明了自己致力於存養的目
的。入獄後，他更終日靜坐，專念存養。雖如此，他卻念念不忘
家族的苦難和對君主的忠誠，以致自暴自棄，企圖自殺。然而，
自古少有因遭罹患難困苦而自殺者，君主不賜死而死乃不忠，一
想到這些，尚齋便意識到自殺的荒謬性，和保全自然之生命的重
要性。此後，他繼續努力做基於兀坐的存養工夫。

在獄中，據說尚齋曾折斷了圈在洗手盆周圍的竹圈，並分割

成五六十根竹簽，而致力於〈五行用數篇〉的寫作。由於獄中沒有紙筆和墨，他就用在獄中弄到的一根舊釘子刺破手指，以指血代墨；用削尖的板羽目（板壁）作筆；以廁所裏使用的紙替代稿紙；對昔日所經歷的事加以整理、思索和記錄，寫成了《狼疐錄》一書。

《狼疐錄》是尚齋從寶永四年（1707年）至寶永六年（1709年）在忍城獄中完成的。全書分三卷，第一卷有〈祭祀卜筮詳說〉、〈祭祀說約〉、〈卜筮說約〉、〈祭祀卜筮引證〉；第二卷有〈五行用數篇序〉、〈五行體數〉、〈五行用數篇〉、〈占法〉及〈後論〉；第三卷是〈雜說〉。卷一的〈祭祀卜筮說〉論述的是知藏論；〈祭祀約說〉論述的是理氣論；卷二的〈後論〉，主要思想是論述：以理爲本根的氣，從古到今一以貫之，則已往（過去）和將來（未來）就能結爲一體；卷三的〈雜說〉，包括理氣說、理氣問答、天命說、性說、修身說等內容。和《默識錄》一樣，《狼疐錄》也是了解尚齋思想不可缺少的資料。

這年的五月二十九日，尚齋的長女出生在妻久米的娘家田代家。

寶永五年（1708年），四十七歲的尚齋在獄中度過了正月新年。這時他已放棄了自殺的打算，而注重保養自己的身體。由於長時間的牢獄生活，身體不運動，所以吃飯時常常感覺胸口堵塞（胸部好像有物阻礙一樣痛苦）。憂慮中他想起了過去松平山城守的家臣岩瀨息可在獄中走步而治癒胸痞（即胸口堵塞）的事情，所以便每天在牢內行走千步，胸痞現象逐漸消失（《白雀續錄》）。據說當時他寫下了這樣一首詩：「富貴壽夭不二心，但向面前養誠心。四十餘年學何事，笑坐獄中鐵石心。」《尚齋三

宅先生傳》則曰：

> 在獄三年，每旦乞水沐浴。布袍綻裂，以紙縷補綴之。每
> 食後，必起行數百匝，守者怪加嚴。先生笑曰：「丈夫義
> 不苟脱，所以然者，恐罹脚疾，膝行就刑，為人所笑也。」
> 侯使人察之也，先生作詩示之曰：「富貴壽夭不二心……」
> 云云。

這年的七月間，尚齋得了癉疾，物頭（兵卒長）和大目付（江戶、室町時代一種監察武士的官職——作者注）請來醫師，勸其治療，但尚齋說：「予今命數已盡，為主上之厄介。早死一日，乃予之大幸。」(《白雀續錄》），強調如果惜命服藥，百年長壽，那就違背了自己的初衷，因而謝絕了治療。

據《白雀後錄》記載：寶永六年正月十七日，尚齋被赦免，十八日回到江戶。同年十二月，他用自己在獄中記錄的〈五行用數篇〉，對自身的命運作了卜算，結果得出了赴吉（幸福）的徵兆。該年他寫了《祭祀來格說》（此書實際上是從《狼戾錄》中分出來的）。

其實，寶永六年(1709年)元旦，尚齋卜筮，就得了個吉利的兆頭。據說他從獄吏嘴裏聽說了幕府將軍綱吉兩年前患了痘疹的疾病，而痛苦不堪的消息。尚齋估計，若綱吉死了，自己就有可能被恩赦出獄。果然，將軍一月十一日逝世，尚齋一月十七日就獲得了赦免。這天正好是先君正武的忌日，藩主正喬下令讓尚齋出獄，驅逐出忍城。因「江戶四周方圓十里之內，皆阿部藩的領地，故尚齋出獄後無處可去，只好四處徘徊」(《白雀續錄》)。

由於這樣的窘態，在得到弟重一（當時正仕事於下總關宿藩主久世侯）的同意後，從一月十九日到三月十六日，尚齋便暫時寄身在其弟家。三月十六日以後，又寓居江戶本所相生町一段時間。姓名也改爲吉田三左衞門。次年十月才轉到京都居住。年末十二月二十六日他寫了《狼戾錄・序》。這時他自號「高尚」，住處叫「高尚軒」，每天過著清貧的生活。

寶永七年四月，四十九歲的尚齋前往京都，路經播州三木郡竹原，與次姐岩崎重和義兄岩崎以春商量移居京都的事宜，並在竹原住了三個月左右。臨行前，他把長女佐與寄託給岩崎家撫養。因他當時極爲貧困，四歲的佐與只好由岩崎締（岩崎重的女兒，尚齋的姪女，由岩崎重和味池安貞所生）代管。尚齋在江戶本所相生町時，還曾得到過妻子田代氏的兄弟們的支助。由此可見，尚齋家的親人與其妻室家的親人是互助互愛的，而這種關係又是以尚齋爲中心的。正是得到了這種無私的幫助，八月十四日，尚齋的次女久米在江戶才得以降生。

寶永七年，剛回到江戶自宅不久的尚齋決心移居京都。於是，他便帶著妻兒於十月十五日從江戶出發，把家遷到了京都的堺坊。由於當時作爲崎門三弟子之一的淺見絅齋還住在京都，所以尚齋和絅齋又能像過去那樣密切往來了。尚齋姐姐岩崎重的孫子岩崎修居❸也拜絅齋爲師。後來，尚齋根據絅齋的意見，又把號「高尚」改爲「尚齋」。

---

❸ 岩崎修居，祖母叫岩崎重（尚齋的姐姐），祖父是岩崎以春，爲播州三木郡竹原的里正，父親岩崎安貞（幸助），是從味池家寄養到岩崎家的女婿。母親岩崎締。岩崎家族從祖父岩崎以春開始就素有閱讀漢籍的傳統。修居起初就學於淺見絅齋，絅齋死後，又師事尚齋。祖母去世後，修居離家赴京都，並改姓父親姓，叫味池修居。

正德元年（1711 年）九月三日，五十歲的尚齋寫了《爲學要說》（又名《尚齋三宅先生國字筆記》、《三宅先生學談筆記》）。這是一本針對門人的提問；闡述了把握朱子學本質的聖賢之學的根本要領。全文以居敬窮理爲目的，強調立志的必要性，以排斥雜學爲己任。該書是用日文假名寫成的，但當時只有寫本傳於世，昭和十一年（1936年）才由崎門學者岡直養校正刊行。正德元年十一月一日，情同手足的淺見絅齋去世。據說從此以後，次姐的孫子岩崎修居就轉而師事尚齋了。翌年，尚齋著《同姓爲後稱呼說》一卷。這是一本專門研究以同姓人爲後嗣時稱謂問題的書。正德三年六月八日，三女留出生。此時尚齋居於二條高倉。翌年他完成了《洪範全書續錄》一書。

正德五年（1715 年），五十四歲的尚齋被允許可以通曉坊令（一種令制，對平城京、平安京的各坊內進行監督和檢查——作者注），佩帶雙刀，因他過去曾出仕過忍藩。「丹治」便是其當時的稱號。這年的九月二十日，動輒生病的妻子清去世，葬於新黑谷金戒光明寺墓地。清去世前，疾病纏身，二十日不進食（《默識錄》卷四），享年三十九歲。清在極度貧困中，帶著虛弱的軀體，服侍丈夫，忙碌家務。然而，不幸的生活、痛苦的病魔還是伴隨了她的一生。《道學淵源錄・尚齋先生實記・下》以「先生寓居，貧窮艱難，至屢空」描述了當時的生活。據同書記載：「留女今歲生，加之夫人產後在臥褥，先生自執爨，其間敎子弟、養病婦、撫幼兒。堅苦艱難，人所不勝。」可見，尚齋出獄後的生活，是在艱難和不幸中渡過的。就從這年的十二月四日開始，尚齋大約用了二十四年時間，撰寫了《默識錄》。

《默識錄》是尚齋從五十四歲到七十八歲這段時間撰寫的，

因而與《狼疐錄》一起，成爲研究和了解尚齋思想學問必不可少的資料。全書分上、下二册，其中〈道體〉上、下兩卷、〈爲學〉上、中、下三卷和〈經傳〉一卷，所錄內容皆爲尚齋的自得發明，是有關尚齋哲學、經濟及政治思想的代表著作。明治時代，該書被收錄於「日本倫理彙編」中；昭和八年（1933 年），由岡直養校訂發行。

享保二年（1717 年），五十六歲的尚齋終於獲得了先君主忍侯阿部正喬的赦免；並得到平反昭雪。這次赦免，多虧了弟重一（直經）的鼎力相助。重一認爲，兄長儘管獲得了釋放，但罪案並沒有平反，所以就找到忍藩副執事川澄舍人的家，懇請赦免尚齋。當時，尚齋正與三宅石庵、三宅觀瀾、稻葉迂齋（十左衞門，稱十左）等一塊舉辦講習會。石庵是觀瀾的兄長，京都人，曾師事淺見絅齋，但爲學卻以陸象山之學爲宗。稻葉迂齋曾與三輪執齋（希賢）一起師事佐藤直方，但後來皆轉宗王學（王陽明之學）。尚齋雖以程朱之學爲宗，但對窮盡王學和陸學的人亦十分敬慕，只是決不被王學和陸學所支配罷了。與不能容忍王學和陸學之影響弟子而持門戶之見的絅齋和直方的偏狹之心相比，尚齋的心胸是豐裕慈祥、博大寬闊的。永井隱求（名行達，又名誠之，係佐藤直方的門人，沒於元文五年）評價尚齋在京都時的交友說：「在京都，（尚齋）會集石庵、丹治、十左等人，開堂講習，結果如何呢？石庵雖宗陸學，聽了尚齋的朱子學課後，卻並未改宗朱子學，這是很重要的。」（《永井行遠錄》）

享保三年（1718 年），尚齋嫡子重德（一平）到了十七歲，行元服禮（元服是奈良、平安朝時代男子到十二歲以上時的冠禮）。當時的儀式是由緒方悠齋主持的。悠齋是尚齋的弟子，居

於京都，行醫，與岩崎（後改姓味池）修居爲親。這年的五月，從
孩提起便師事尚齋的多田蒙齋也行了元服禮（《道學淵源錄》）。
多田蒙齋名維則，號儀八郎，京都人，生於元祿十五年（1702
年），卒於明和元年（1764 年）。據《道學淵源錄》記載，蒙齋
幼年拜尚齋爲師，因被桑原空洞收爲養子，故改姓桑原。尚齋
晚年，蒙齋因稻葉迂齋的推薦，於元文年間，仕事館林侯松平武
元。

享保三年五月三日，尚齋由一僕人陪伴到攝津的有馬溫泉療
養，滯留數日，著了數十條語錄（《尚齋先生文集》卷中）。九月
三日，又與土佐的宮地靜軒（曾就學於山崎闇齋的弟子谷秦山，
後到京都師事尚齋）等人，一起到京都的東山靈山，在權阿彌宅
講授《易傳》，並由靜軒講授《論語》首章。同月二十四日，前
往吉田山、黑谷山遊覽，岩崎儀平（修居）、桑山氏、善右衞門、
金兵衞、宮地靜軒等同行。尚齋曾與靜軒的老師谷秦山書簡來往，
就神道問題展開論爭。秦山主張以日本民族的神道爲根本，而以
儒教爲羽翼；對此，尚齋反駁道：若神道有如此的地位，那麼儒
教不就可有可無了嗎？在他看來，「道」對於吾國和異國來說，
並無二致。就在這年，尚齋寫了《答鈴木氏太極辨》、《湯武
論》等著作。

享保四年（1719年）五月十日，在得到江戶的佐藤直方同意
後，尚齋讓重德師事直方。八月十五日直方突然去世。逝世前，
直方在肥前土井侯的講筵上就已吐詞不清。於是返回江戶紺屋町
的家中養生，但終究未能挽回自己的生命。享年七十歲。直方去
世後，尚齋嫡子重德於次年四月從江戶回到京都。直方心悅誠服的
講友只有尚齋一人。淺見絅齋雖亦是他的親密朋友之一，但嚴格

地說，絅齋仍有直方難以諒解的一些過失，而這些過失，最後導致了直方和絅齋的絕交。唯有尚齋與直方的友誼終生未變（《山崎闇齋及其門流》，田中謙藏〈佐藤直方先生〉）。這年的七月十五日，尚齋次姐岩崎重去世。尚齋當時無暇治理喪事，從八月九日起才「服（心喪）九十日間」（《默識錄》）。對尚齋來說，這一年的確是非常不幸的一年。重去世後，其孫岩崎修居改姓味池。

享保五年（1720年）二月五日，五十九歲的尚齋與其弟子友人約二十餘人會集於靈山權阿彌，翌日，為松岡勘介舉行了「駿府歸鄉」送別會。宮地靜軒的〈日記〉（《山崎闇齋及其門流》，川島右次〈味池修居〉）是這樣記載的：「靈山權阿彌之行，同遊者三宅氏、松岡氏、緖方氏、味池氏、原氏，其餘十四五人也。」就在這年，水戶幼君的輔佐大臣望月五郎衞門，欲招聘尚齋為幼君的師範（即先生），後因望月氏患病而未能實現。同年十二月，土佐的山內規重（號主馬）也欲招聘尚齋為師範，並派宮地藤彌、花井半助等土佐人士前來勸說。起初尚齋婉言謝絕，但從年底到翌年初，尚齋經不住說客的再三邀請，終於答應了規重的招聘。

享保六年（1721 年）四月，六十歲的尚齋離開京都赴任江戶。途中，受到了伊勢的長嶋侯河內守正信的熱情款待，兩人乃促膝交談學問，直至深夜。十八日到達江戶，與土佐侯相會於大名小路的土佐藩邸。藩主執弟子禮，師事尚齋，問學《大學》。後來，尚齋又以侍讀身分宣講了《小學》。當時，尚齋的入門弟子除藩主山內規重外，還有土佐藩名流多人，甚至唐津侯和秋田的別封佐竹壱岐守義道等人也請求入見尚齋。但是好景不長，八月二十九日山內規重因病去世，尚齋滿懷悲痛，返回京都。其弟

子們在近江的草津迎候了他。回到京都後，尚齋決意住在白川橋
栗本坊。當時，求學於尚齋的人與日俱增，尚齋的學德在京都、
江戶乃至全國各地已廣爲人知。

享保七年（1722 年），尚齋著了《大學補傳筆記》。正月五
日，他和味池修居、多田蒙齋來到了播州竹原的岩崎家。竹原是
尚齋次姐的婆家。尚齋年輕時住在江戶和忍藩以前，以及定居京
都以後，常去竹原訪問。如今，孩子們都已長大成人，所以這次
他到竹原後，一住就是一年。據《尚齋先生雜談錄》（二月十日）
記載：

> 因播州山中有理想的房子，故（尚齋）萌發出從三月隱居
> 到明年的想法。特別是，因各種應酬應接不暇，連每日思
> 考的一些問題也無法完成，而自己的生命又殘存不多了，
> 所以現在最大的希望是想多積點德。以前因某種原因，曾
> 被監禁近三年，當時亦曾把積德作為自己生活的一部分，
> 但收效甚微。所以現在若有一年的隱居時間，吾當能得力
> 也。所幸土佐守給了三個月的俸祿，因而生活困難並不大
> ……。但眼下我想必須先去關東，因為據關東來的消息
> 說，那裏陽明學流行很快，半數以上的學者成了陽明學派
> 的人。異學橫行，此道昏蔽，理應前去阻止。兩件事究竟
> 怎麼辦，尚無定論。不過，我以為還是先隱居到來年再說
> 吧。

當時，尚齋既希望致力於積德，又試圖去關東阻止因陽明學
流行而造成的弊病。不過在對兩者作出選擇時，他還是挑選了前

者,決定先「隱居到來年」再說，故〈尙齋先生實記・上〉曰：「先生語訂齋曰：播之山中，有可僦居一宇，暮春一往，閑居一年許，庶乎老後一新。昔在囚，頗覺得力。又有一思念，東武陽明之學方盛，最爲此道榛蕪。幸一貴人之召吾，一出以辨彼學，未決。寧山居爲上策耳。」可見，尙齋是把自身的積德磨練放在第一位的。他雖然與宣傳陸象山和王陽明的三宅石庵、三輪執齋等有著深厚的交誼，但對陽明學和陸學仍持嚴厲的批評態度。在竹原期間，他住在岩崎家，因有位老媼在美囊川附近被狐狸吃了，他便與修居等人一起捕殺了狐狸。可見，對尙齋來說，來播州竹原，不僅是爲了修身養心，還是爲了拯救衆生。從二月十日到元文四年的十六年間，有關尙齋的情況，大都能從《尙齋先生雜談錄》❹中得知。三月，他辭退了土佐賜予的月俸。這時的尙齋，雖有很強烈的隱居念頭，但到了八月，他還是答應了佐竹壱岐守的招聘。同月十三日，他到達江戶淺草的鳥越官邸，與佐竹侯的三執事討論了政治和道德問題。他的長女佐與也是這一年嫁給石井氏的。

享保八年 (1722 年)，尙齋六十一歲。一月十三日，他在江戶昌平橋的松平伊豆守官邸及長谷川源右衞門府上講學。同月二十五日，他離開江戶回京都(《默識錄》卷二；《道學淵源錄・尙齋先生實記・下》記載是二十三日)，途中會見了伊勢的長嶋侯。回到京都後，他把居所移置八條殿坊，稍住數月後，於四月十二日又再赴江戶。九月八日，復從江戶返回京都。這是因爲他心裏牽掛著三女留（十一歲），不太可能在江戶長住。《默識錄》卷三

---

❹ 《尙齋先生雜談錄》分上、下二卷。享保七年二月十四日至十六年一月八日爲上卷；享保十六年一月八日至元文四年十二月十七日爲下卷。書中記載了尙齋的思想和日常生活片斷。著者是久米訂齋。

曰:「一在京女子，無母保育。」繼母田代氏生留後，病情加重，留只好由姪女岩崎締撫養。到留三歲時，田代氏便去世了。在這樣的環境下，尚齋對三女留的愛憐之心我以為是非常深厚的。尚齋在江戶時，住的是仕事於佐竹義道（諱義道，秋田的族封，見《道學淵源錄》）的嫡子重德的房子。

　　享保九年（1730年），尚齋六十三歲，嫡子重德自前年起臥病不起，叔父直經（尚齋之弟）請求佐竹侯的老臣小野崎舍人（佐藤直方的弟子）把重德接到自己家裏療養。而尚齋則再三央求佐竹侯讓重德回京都養病，故佐竹侯允許重德回鄉。五月十日重德回到京都。尚齋長女佐與自享保七年嫁給石井氏後，一直關係不太好，故此時亦回到京都。後來佐與又嫁給了皇朝官士新海幸治。享保十年（1725年）冬，尚齋次女久米與九鬼主殿完婚。翌年，尚齋寫了《家禮筆記》和《潔靜精微說》；享保十二年寫了《易本義筆記》；十三年八月寫了《小學筆記》和《為貧說》。就在這年，他把家搬到了衣柵下立殼，三女留也在這年嫁給了他的門人久米訂齋（順利）。享保十四年（1729年），六十八歲的尚齋又完成了《體用顯微考》、《讀近思錄筆記》和《智藏說》三部著作。享保十五年（1730年），就學於尚齋的伊勢長嶋侯與尚齋謀略後建造了社倉。同年十二月，前君主忍侯阿部正喬遣派家臣來見尚齋，希望尚齋去江戶時能到藩邸訪問。當時忍侯已解除了對尚齋的譴責。以莫須有的罪名囚禁尚齋，到釋放他，以至放棄二十多年的譴責，這說明阿部正喬雖是位暗愚的君主，但後來還是有點醒悟了。該年，尚齋又有《孝經刊誤筆記》、《讀愛蓮說口義評》、《白鹿洞揭示筆記》等著作問世。享保十六年（1731年），他著了《讀西銘筆記》和《大學尚齋先生講義》。同年九

月十七日，舉行了「祭祀來格說」開講大會。翌年，他興建了培根達支堂，以盛辦教育。此時的尚齋雖已步入老年，但卻是他一生中最充實的時期。

享保十七年(1732年)，尚齋七十一歲，在京都西洞院（現京都上京區西洞院路和下立殼的交叉部）開設培根堂和達支堂（合稱培根達支堂)，不問貴賤，興學施教。以一條公爲首的衆多一般庶民，競相入學。設立學堂一事，尚齋曾與嫡子重德合計過，但學堂建成前，重德卻因病去世了。尚齋寫有〈培根達支堂記〉一文，曰：「此年與重德竊議，欲改其蔽。而吾家輩貧，其圖未知所出焉。重德揆度反覆，規畫已定焉，則不幸早逝。」流露出對重德早逝的痛惜心情。重德去世時年僅三十一歲。據《道學淵源錄》說：重德「明悟英捷，幼讀書博涉百氏。其於經術，發揮提揭特多」，完全繼承了其父的學統。十月，嫁給久米訂齋的三女留去世。在培根達支堂建成的喜慶之日，接連傳來嫡子和三女去世的噩耗，眞是太不幸了。這年，其兄重清的墓從古河遷移到江戶（估計是麻布善福寺）。

享保十八年 (1733 年)，尚齋七十二歲。八月十七日，次女久米再嫁於松下日向重任。尚齋完成《四書眞筆記》和《大學章句筆記》。翌年，又著了《玉山講義口義》、《太極圖說筆記》、《中庸章句筆記》和《太極圖說講義》，其中《太極圖說講義》是由山本尚宇人記錄、整理的。此時的尚齋，雖然已年邁體弱，並受到失去兩個孩子的嚴重打擊，但在學問方面，卻仍富有精力，誨人不倦，其活力完全能與學力旺盛的人匹敵。

享保二十年(1725年)，京都所司代土岐守賴稔以厚禮相待，請求討論時事，尚齋應邀與諸司代坐談。五月，土佐的山內豐敷

侯從京都伏見派使者到尚齋住所問安，並特贈時服予尚齋。

元文元年（1736年），尚齋七十五歲，三月赴江戶，以答謝前君主忍藩主阿部正喬對自己的赦免令。三月八日到達江戶藩邸，會見了阿部正喬。正喬見到尚齋非常高興，特設宴款待，臨行前又贈絹二匹，並派使者送行。五月一日，尚齋離開江戶返回京都。在江戶期間，他還拜訪了友人稻葉迂齋，並在弟子多田蒙齋的造士館（是位於佐竹壱岐守道義的官邸內的學舍，享保七年尚齋應佐竹侯之邀來江戶時所造）下榻。值得一提的是，尚齋還特地到忍城尋訪前獄卒，獄吏皆亡，便會晤了獄卒的子孫，告別時還贈送了不少禮物。《道學淵源錄》曰：「菅野彙山曰：尚齋先生晚年遊東都，見於忍侯，余從之。先生將西還，過忍尋訪前繫獄時侍衛獄卒，皆既死亡。或子或孫，少時與此輩語前時，淚下數行，臨去贈之以物。」由此可知，尚齋的心胸是多麼寬大啊！

元文三年（1736年）和四年，尚齋分別寫了《立不中門說》和《中庸章句續筆記》，並完成了《默識錄》。

元文五年，尚齋七十九歲，六月患重病。《道學淵源錄》曰：「庚申六月，先生患腹脹。十月少有浮腫。」所謂「腹脹」，即腹膨脹的疾病，「脹」即如今所謂的「腹水」。「浮腫」乃是腎病變症候狀（有急性腎炎和慢性腎炎之症候）。次年即寬保二年（1741年）一月二十九日，尚齋去世，享年八十歲，葬於京都新黑谷紫雲山的金戒光明寺（又稱黑谷堂）墓地，墓碑上題有「三宅尚齋先生之墓」幾個大字。

第二章　尚齋的人品

尚齋出仕在職時是位有能力的官吏，他使用部下既慈愛又嚴厲。卽使在幕藩體制下，身分等級森嚴，他對一般庶民也是熱情相待，向貧困窮苦的百姓伸出了援助之手。對待來賓，他總是熱情相迎，酒食款待；收到來信，他必親自回信；表現出他的眞誠和善良。他的家經常門庭若市，賓客絡繹不絕，他則從不冷落怠慢客人，如同陶侃（晉代初期名將，曾任大司馬、長沙郡公。曾孫卽陶淵明也）那樣眞誠待客（《道學淵源錄》）。尚齋見到貧困窮苦的人，卽使自己窮困不堪，也要救濟一點。這是因為，尚齋出生時，其父僅為一小小的明石藩士，年老薪低，生活相當貧窮，尚齋就是在這樣的家庭裏長大的。就是說，尚齋對貧困生活是深有體會的，因此他對遭遇不幸的人們所懷有的愛憐之心也就非同尋常了。

渡邊豫齋在《吾學源流》中說：尊信佐藤直方和淺見絅齋的人較少，而讚賞三宅尚齋的人則相比之下要多得多。這是為什麼呢？因為在尚齋的著作中，有關「四書」和「六經」等筆記較多，而且這些筆記心得對讀者均有很大裨益。故豫齋說：「今信尚齋者，非尊信其道德，多以遺書為階梯。」可見，尚齋的著作在當時的影響的確是相當廣泛的。

正因為如此，在尚齋的思想體系內，是排斥除儒敎以外的佛敎、老莊思想和神道等異端學說的，不過對儒學內部的異端之

學，如陸學、王學之徒，他倒是交往甚篤、彼此親近的。例如三輪執齋（1669～1744年），名希賢，仕事酒井忠清侯，後去江戶，建「明倫堂」學舍，因宗奉陽明學，而遭直方義絕。淺見絅齋的弟子三宅石庵（其弟三宅觀瀾，曾師事水戶光國）對陸學十分推崇，另一弟子玉木葦齋甚至潛心於神道並身體力行之。對這些學者，尚齋皆能與其親交，不絕舊情。尤其是三輪執齋，對於尚齋來說，是最難斷絕舊交的一位。《道學淵源錄》曰：

> 先生於異學之士（三輪執齋、三宅石庵、玉木葦齋之類）皆為親交，然未嘗及道義之論，以全其交。以為論之太甚，則爭辰之基。雖然至學術之謬，則不敢少假。以為道者天下之道，非吾之所敢私也。其言曰：學術不同，不可相為謀，況我所惡之學術，不可相親。然余於三輪希賢，舊交不忍絕。

那麼，與異學之徒保持良好關係的尚齋，大概也不至於從極力否定神道的立場出發，和推崇神道的玉木葦齋關係疏遠吧？但據《道學淵源錄》載：「後，就玉木葦齋（正親町一位藤原公通及春原信直門人也）受神道之傳，益知其之說之非。禁門人講神書者，或有講國史者，則亦戒以為恐愛愛然入其中矣。」（〈尚齋先生實記〉）所以，在執齋、石庵、葦齋三人中，葦齋是最早和尚齋關係破裂的。享保二年，即尚齋五十六歲那年，在永井隱求（起先曾拿書詰問尚齋，但尚齋不予理會，後兩人關係轉好）所著的《永井行遠錄》中，非難了向三宅石庵、稻葉迂齋等發表演講的尚齋，不過其中並沒有提到玉木葦齋的名字。

正如《道學淵源錄》所說:「(尚齋)不設畦畛,不立涯岸,無貴賤,無少長,服於其忠怛,一其授學也,無親疏,莫弗竭兩端也。」(〈尚齋先生實記〉下)因尚齋接待來客不分貴賤,傳授學問不分親疏,故其門人日益增多。其門人敬慕尚齋就如同孔子弟子仰慕孔子一樣,尚齋去世時,其弟子們就像喪失了父母的子女一樣慟哭不已(《道學淵源錄》、《先達遺事》)。

尚齋的老師是山崎闇齋,闇齋死後,尚齋若與其師兄淺見絅齋、佐藤直方相比,除了在職務上都嚴格地履行自己的職責以外,尚齋待人接物懇切熱情,絕無粗言厲色。但是,尚齋在待人接物上無論怎麼寬容大量,對於異端學術和邪惡說教則是斷然反對的。

尚齋嚴於律己,勤於存養,遵守五倫之道。他不僅對門人弟子不分等級,以禮相待,而且即使是對憎惡的敵人,凡受降者,亦力主不殺。他說:

> 凡敵人之降,無可殺之理。韓信、陳平、季布、丁公,皆可赦矣。然丁公短兵接時,以其私活高祖,後又來謁,其不忠之心,非韓、季之比,則高祖斬丁公以徇,亦當焉。《綱目》(高祖五年)所以收溫公之說矣。如《語類》(一百三十五,《朱書抄略》中收之)所言,則韓、陳、丁概說,以責高祖之言,不出於誠心耳。固非謂當誅韓信、陳平等也。其謂何待友而誅之者,是特難詰之辭也爾。(《默識錄》卷四)

這些言論,我以為是尚齋人生觀的反映。在尚齋看來,人由

天所生，天則生生不已，故人之心亦必定是生生慈悲之心（糸賀國次郎《海南朱子學發達之研究》）。

　　如前所述，尚齋曾極力想救正因五代將軍綱吉的「生類憐憫令」所導致的生靈塗炭和政治紊亂，並向主君阿部正武（當時係慕府老臣）提出直諫。因而他對平民所持的是「其接人也，和柔懇篤，一以忠厚爲本」（《道學淵源錄》）的態度，甚至對動物也懷着慈悲愛憐之心。

　　　　尚齋先生，性惡傷害生物。門人一日捕鼠，先生呵曰：殺
　　　　之何益。門人卽棄之。唐諺明云：余常侍師事，几案上有
　　　　飯粘，省下而哺之。（《先達遺事》、《道學淵源錄》）

尚齋的門弟評價說：「先生之仁及禽獸」（《道學淵源錄‧尚齋先生實記‧下》）。故其門人弟子仰慕尚齋「如孝子之慈父母」（「甘雨亭叢書」，《狼疐錄‧尚齋三宅先生傳》）。

　　最後再說說尚齋的嗜好。尚齋不好煙酒，喜歡吃山椒：

　　　　尚齋不好嗜酒，不吹煙草。據傳說經常吃蜀椒。無論對方
　　　　贈送什麼禮品，他皆回贈唐秉燭作爲謝禮。（川島右次〈味
　　　　池修居先生〉，載《山崎闇齋及其門流》）

尚齋不僅喜歡吃山椒，也喜歡吃牡丹餅。森銑三的〈稻葉默齋先生〉（載《山崎闇齋及其門流》）曾對默齋弟子花澤文二郎的《再句紀行》一書作過簡易地解說和介紹。《再句紀行》乃是花澤文二郎寬政六年（1794年）三月十一日與默齋一起從上總國清

名幸谷的孤松庵出發，到登戶浦、行德、小名木澤、館林旅行，直到五月一日回庵的紀行文。五月十五日，默齋在旅途中回想起幼年時代的往事，便邀請少年時代的伙伴三宅尚齋重訪了父親稻葉迂齋的宅邸。當時他送給尚齋的禮物就是尚齋特愛吃的牡丹餅：「當日（即五月十五日）默齋留宿，暢談往事。……得知先生愛吃牡丹餅，特贈薄禮，以表心意。（森銑三〈稻葉默齋先生〉）」

第三章　尙齋的師友

(一)山崎闇齋

如前所述，尙齋十八歲那年（延寶七年），遵照父命去京都學醫。當時他名叫平出友益或順承。後來他就學於山崎闇齋。時值闇齋在都下廣收門徒，學問名噪天下之時。尙齋師事闇齋前，就已放棄了學醫，並曾就學於淺見絅齋，但時間很短。尙齋之所以背棄父命投身儒學，我覺得是由於他具有把自己的一生全部貢獻給天下國家的強烈願望，他認爲這比治病救人更重要。正如《道學淵源錄》所記載：「或人欲以醫仰食。先生厲聲曰：人與天地立爲三才❶，當任天下國家事，何區區草根木皮間哉？」雖然這些話並不是尙齋敎誨弟子時說的，因而不能作爲證明他從醫學轉向儒學的直接論據，然而以儒學——特別是對社會有作用的儒學——爲人生宗旨的尙齋，決心根治比人體之病更重要的人心之病和天下國家的弊病，則是確定無疑的。

尙齋師事闇齋以後，便把自己的姓重新改爲父親的舊姓三宅，並改號雲八郎。而後又與闇齋的高弟淺見絅齋和佐藤直方以及其他門人進行了廣泛的交流，切磋學問。尙齋希望學習闇齋的垂加

---

❶　「三才」的「才」，卽根本、本原之謂。《易經‧繫辭傳》說：「《易》之爲書也，廣大悉備。有天道焉，有人道焉，有地道焉，兼三才而兩之，故六。六者非它，三才之道也。」

神道，而闇齋的回答則是：先學儒學，再學神道。當時闇齋六十二歲，已是晚年，故尚齋在他門下不過兩年多光景。

尚齋師事闇齋時，闇齋已是擁有六千弟子的大儒，其學派也被公認爲崎門學派。崎門學派具有與中江藤樹的江西派、伊藤仁齋的堀河派同樣的風靡一時的聲勢。延寶八年秋，闇齋寫了《朱書抄略》。天和二年（1682年）春，闇齋雖年老多病，但仍意志堅韌，校訂完成了《四子抄略》和《文會筆錄》。直到臨終之際，他還洗手漱口，整理服飾，再拜東方祠堂（該祠堂建於慶安六年，闇齋三十三歲時。以朱文正公家禮爲據，祭祀祖先之神位），並端坐瞑目而終。闇齋以朱子學爲宗，本之於「春秋大義」，強調大義名分，提倡民族主義。從這一立場出發，他逐漸向神道傾斜，提倡神儒一體論。尚齋得到闇齋允許後轉而學習神道就在這時。《道學淵源錄》說：

> 先生見垂加翁，請學神道。翁曰：「汝今須要就經書槃然明白者用功夫，未晚。」後先生復以此謀淺見、佐藤二子。淺見子乃曰：「吾友俟學至朱子地位，而後學神道。」先生聞之大得歸依。終無復他念。

山崎闇齋在講學時對弟子們的態度是相當嚴格的，對不按時來聽講者，他便拒之門外，不讓其進入教室。《先達遺事》記載着這樣一件事：

> 垂加翁師道至嚴，其接門人，雖細過不少假。一日，鵜飼金平與諸人侍翁坐。翁方講談，金平在稠人席，偶弄翦刀磋

瓜。翁眈視屬聲云：師庶礎瓜，何禮？金平掉慄，諸人失色。

另據《先達遺事》說：「闇齋性急特，罵門人遲鈍者，及直方輩來談玄理，始怡笑。」尚齋後來（享保七年）回憶其師闇齋時亦說：「山崎先生講學之時，要求必在己所規定之時間（午前十時）入席，否則一概拒之門外。」（《尚齋先生雜談錄》）《先達遺事》還記載說：佐藤直方跨入闇齋家門時，總是惴惴不安，如入牢獄一般；一出其家門，則如釋重負，猶如逃出虎口。

但是，闇齋雖嚴守師道，然而對待弟子們的眞知灼見則是給予充分肯定的。《先達遺事・山崎闇齋先生傳》轉引《永田養菴遺事》說：永田養菴來訪時，闇齋因病臥床不起，躺在蚊帳裏與養菴對話，當話題涉及「仁說」時，養菴分析入微，闇齋感佩，連忙叫侍者掀開蚊帳，嘆曰：「何會得至於斯！」

闇齋爲人固然嚴厲，但卻愛護弟子，其中尤其愛護尚齋。而尚齋也視闇齋爲朱子以後的第一位道學家，故《道學淵源錄》說：「先生於闇齋先生，以爲朱子後之一人。嘗曰：先生之樞機，道體之本源，筆不得書，言不得文。」尚齋師事闇齋雖然才僅僅二年多時間，但對闇齋那集佐藤直方之濶大、淺見絅齋之方正的偉大人格是推崇備致的。在《先學遺事》和《道學淵源錄》裏，尚齋對闇齋的偉大人格贊嘆不已，認爲這種偉大人格既有淺見絅齋的嚴毅威重，又有佐藤直方的俊逸快爽。

闇齋的理論特色之一，是重敬義。闇齋從《易經》「敬以直內，義以方外」（〈文言傳・坤卦〉）的命題中概括出自己的「敬義」範疇。他視「敬」爲小學、大學之教，即闡明五倫之道的根本理念。他在《蒙養啓發集》中指出：

夫聖人之教，有小大之序。而一以貫之者敬也。小學之敬
身，大學之敬止，可以見焉。蓋小大之教，皆所以明五
倫，而五倫則於一身，是敬小學以敬身為要，大學以修身
為本。君子修己以敬，而止於親義別序信，則天下之能事
畢矣。

闇齋信奉朱子學，著有《文會筆錄》二十卷。在這部大作
中，闇齋先記述朱子的《小學》和《近思錄》，然後摘錄朱子關
於四書五經等的註釋綱要。該書於天和三年（1683年）由闇齋本
人刊行。為何只著述呢？因為他想繼承孔子「述而不作」（《論
語・述而篇》）的精神。

尚齋十分欣賞山崎闇齋的《文會筆錄》，每當談論經義時，
必教人基於此書，與朱子的《語類》、《文集》並用。由於信奉
朱子學，因而闇齋理所當然地會注重《近思錄》，故特將其刊行
之，從而使崎門弟子亦都重視這部書了，其中當然也包括尚齋，
不過尚齋比絅齋、直方更詳盡地講解了《近思錄》。絅齋、直方
在講解《近思錄》時，是從第二卷開始的，而尚齋則是從開頭的
「道體」開始講解的：

　　淺見、佐藤二子，講《近思錄》自第二卷起。先生不然，
　　先闡講道體，曰：學者其果過於高乎。如此者又希。（《道
　　學淵源錄》、《尚齋語錄》）

那麼，尚齋又是怎樣愛讀《近思錄》的呢？這從以下引文中
可窺見一斑：

壬寅秋，適於武藏國江戶，道携一部《近思錄》，讀治體
治法二篇。程子以治道對治法而言，則治道是治體也。然
朱子立《近思錄》篇目，不曰治道，而曰治體。蓋治體亦
程子之語，而程子既曰「治道亦有從本而言」。則治道二
字，本包括治體、治法二者底文字。朱子曰治體、治法，
而不曰治道治法者密矣。(《默識錄》卷六)

壬寅卽享保七年，當時尚齋六十一歲。八月，他應佐竹壹岐守的
招聘來到江戶。一路上，他總是手不離《近思錄》。他還對闇齋
基於朱子而闡發聖賢之道的做法極爲贊賞。他說：

近世吾山崎先生之興也，以闊出之才，獨步之識，實善因
朱子之意，泝聖賢之旨，開其路徑。學者於是反復探索，則
其彷彿，豈不可庶幾哉！(《道學淵源錄》、《揭示筆記》)

(二)淺見絅齋和佐藤直方

淺見絅齋和佐藤直方加上尚齋，被稱爲闇齋的三大弟子。但
尚齋師事闇齋的時間只有約二年，而絅齋、直方師事闇齋的時間
相比之下則要長多了。絅齋（1652～1711 年）和直方（1650～
1719年）分別從延寶七年二十八歲開始與寬文十一年二十二歲開
始師事闇齋，但絅齋只學了三年，而直方則學了十一年（參見
《先哲叢談》和《道學淵源錄》）。

尚齋師事山崎闇齋之前，曾就學於絅齋；闇齋死後，他又就
學於絅齋和直方。當他們三人一起成爲闇齋門人的時候，絅齋和

直方便把尚齋完全作爲同門友人看待了（《道學淵源錄‧尚齋先生實記‧續錄》）。尚齋對絅齋的評價是：資質豪邁，識見徹微，博學精義；嚴守師道，待人嚴屬，勝過闇齋。而他對直方的評價則是：氣稟宏闊而穎悟，與人論學，必使之踴躍自得。上述評價，被記載在尚齋晚年所著的《默識錄‧卷三‧爲學‧一》中。

如前所述，尚齋放棄醫學轉入儒學時的老師是絅齋。雖然他師事闇齋時，已不再就學於絅齋，但闇齋死後，因絅齋當時正住在京都，故而他又轉向絅齋討教儒學。正因爲絅齋是尚齋的老師，所以我們就不難理解爲什麼在《默識錄》等尚齋著作中能看到很多推崇絅齋的贊譽之辭。兩人的年齡相差十歲，但自從一起成爲闇齋門人以後，絅齋就一直把尚齋當作同門友人而與之交往了。絅齋始終把京都作爲教授弟子的講學地，而不願到其他地方去。這是因爲，在他看來只有自己的君主是天子，而跟隨地方諸侯的人是違反臣道的。絅齋接受了闇齋的神道和民族主義思想，以大義名分論爲立足點，提倡尊王思想。而且他還反對進入他門，就學他師。尚齋在《默識錄‧卷五‧爲學‧三》中是這樣評述絅齋的：

> 他們教弟子，往往不防見他師，以謂寬大也。故其徒以余不許見他師爲偏僻。孟子謂陳相師死而遂倍之以譏斥之。見他師者，師未死，旣懷二心如此。不純之心，何以施教哉！絅齋先生不許見他師，甚嚴。

尚齋從忍城的囚禁狀態中被釋放後，直到以京都爲永久住地這段時期，一直與住在江戶的佐藤直方交往頻繁，特別是自寶永七

年四十九歲到正德元年十一月絅齋去世的一年間，是兩人交友最密切的一段時期。我們知道，尚齋在定居京都的寶永七年那年，曾把自己的號稱作「高尚」，而他後來改號「尚齋」的決定則是聽從了絅齋的勸告(《道學淵源錄》)。至於稱號「高尚」的原因，據《道學淵源錄》說，是由於「先生在洛，素多以儒鳴者。先生不滿意云：吾儒任大道，宜高尚其事」。就是說，是由於尚齋抱有「任大道」的使命感，具有強烈地行使高尚行爲的意願。

絅齋死後五年，尚齋才在回顧三十年前經歷的時候，在《論語筆記·陽貨篇·性相近章》❷中評述了絅齋當時的眞知灼見。他說：「絅齋先生所論極精密。今於享保改元年，殆三十年前，尤足以見先生見識精高之早矣。」三十年前，即貞享三年（1886年），尚齋二十五歲，其兄因藩主轉封而移居右河，而他則與弟留住京都，照顧住在播州竹原的老母。當時闇齋已去世，尚齋正就學於絅齋。

尚齋對絅齋的崇敬態度，還可以從《默識錄·卷五·爲學·三》的一段文字裏窺見一斑。文中的「辛亥」，即享保十六年(1731年)，尚齋七十歲。文曰：

> 辛亥十月二十五日夜，夢見絅齋先生。先生曰：予四十年來，持一敬字，然此工夫也無標的，則易閒斷。因以香盒描梅花者，出示曰：此標的也。亦宜以此示多田儀八及味

---

❷　《論語筆記·陽貨篇·性相近章》，乃享保元年（1716年）所作，因絅齋死於正德元年（1711 年），所以應是絅齋去世後五年的作品。因而筆者估計，在尚齋的記憶裏，對該書的內容還是記憶猶新的。

池儀平焉。

佐藤直方也比尚齋年長十二歲，他師事闇齋近十一年。據《道學淵源錄》說，直方於延寶元年（當時尚齋僅十二歲）在鄉里福山講授《小學》，延寶三年應槙七郎左衛門之邀前往江戶。此後，他又受福山城主水野侯（元祿四年）、雅樂頭酒井侯（元祿七年）及其他諸侯的招聘，多次赴江戶講學。尚齋自從其兄重治死後，便與母親、胞弟一起去江戶仕事於忍侯，一直到二十四年後定居京都為止，他始終在直方門下就學。直方的學識卓絕，很善於啓發人。故尚齋在《論語筆記》裏說：「元祿五年壬申多，佐藤先生到茅屋，因諸生之需說此章。余識其口義甚切實，足警發人矣。」（〈雍也篇‧弘毅章〉）又在《士不可以不弘毅章講義》（三宅先生所錄。高鍋圖書館所藏）裏說：「元祿五年壬申歲多十一月，佐藤直方丈來茅宅，因諸生之需講曾子弘毅之章，予記其口義如此。」從這兩則資料中可以看出，尚齋與其弟子們是如何以直方為師，虛心好學的。元祿五年，尚齋仕事忍侯阿部豐後守正武，二月又娶忍藩士田代氏之女為妻，八月其母去世，對尚齋來說，這一年無疑是風雲變幻的一年。

尚齋出仕忍侯之前，以及被囚禁於忍的牢獄裏之後，一直過着貧窮的生活。直方對尚齋的處境十分同情，他說：「丹治處患難，嘗自驗矣。吾儕今短刀急迫，恐垂淚見醜狀。渠今貧苦最甚，不知天意如何？王於成亦已過在。」（《道學淵源錄》）並一方面送金五兩以作救急之用；另一方面又為尚齋的職業而四處幹旋（《先達遺事》）。

享保二年，尚齋五十六歲那年，因直方的推薦，受到肥前唐

津侯的招聘。當時他雖已從忍的牢獄裏出來，但罪名並沒有取消，定居江戶的要求也沒有被獲准，而且出獄前繼妻田代清剛剛去世，所以，尚齋謝辭了唐津侯的招聘。這樣，尚齋就不僅在學問上受到了直方的幫助，而且在生活上也得到了直方的援助。

直方對絅齋的學識雖然比較欣賞，但定居京都的絅齋為了保護天皇，整日佩帶赤心報國的長刀，每天一早還去騎馬鍛鍊體魄，一旦碰到緩急事情，他便死守宮門，用自己的身心維護天皇的權益，而直方對這種國粹主義的行動是並不以為然的。所以他在《韞藏錄拾遺》卷九中批評絅齋的《靖獻遺言》是本壞書，並且指出：「日本的武士道，如果從《論語》的立場來看，不過是無禮的表現，它並不表現真正日本的精神風貌。」直方以孔子、孟子、程朱的道統為天下不易、萬國共通之道，認為應該用《論語》來嚴格要求自己。寶永二年，直方和絅齋絕交。原因是，酒井忠舉作為將軍綱吉的謝恩使上京之際，直方以賓師的身分隨同前往，絅齋則認為，直方不去服三年父喪，反而以賓師身分隨行，這種有失禮儀的行為是絕對不能被允許的（《道學淵源錄》注）。

直方與絅齋雖然有上述不能相容之處，但兩人原來則是親如兄弟的。直方比絅齋年長二歲，然而兩人終因「氣質之一癖」、「學問之大疵」而導至絕交。正如尚齋所言：

> 絅齋先生與直方先生，其交初如兄弟，後不相通，無相絕之義可言者，亦氣質之一癖，學問之大疵，甚可惜。直方先生後來思舊交，有將通問之意，絅齋先生終執而不肯。
> （《默識錄・卷三・為學・一》）

尚齋指出了絅齋與直方絕交的原因是「氣質之一癖，學問之大疵」。對此，佐藤豐吉在《淺見絅齋先生及其主張》一文（昭和八年山本文華堂）中認爲：

> 尊王論者的絅齋先生和崇霸論者的佐藤直方之冰炭不相容乃是理所當然的。所謂「氣質之一癖，學問之大疵」等說法，不過是當時一般拜他主義（即排他主義——作者注）學者的浮淺之見，說明他們並不了解絅齋先生的真意。

昭和八年（1933年），正是國粹主義思潮泛濫，思想言論等受到壓制的時候。此後直至整個第二次世界大戰，闇齋和絅齋的思想被偏狹的國粹主義者所利用了。儘管倡導三宅尚齋思想的人也有，但比起闇齋、絅齋來要少得多。所以，產生那種僅僅把尚齋作爲排他主義者（佐藤豐吉在《淺見絅齋先生及其主張》裏寫作「拜他主義者」）的淺薄觀點也就不足爲怪了。

其實不僅直方與絅齋絕了交，直方和絅齋也都遭到過闇齋的義絕。那是闇齋晚年延寶八年的事情。因爲他們兩人向闇齋諫言，反對闇齋過分倒向敬義內外論和神道論。據《道學淵源錄·絅齋先生傳》說：「時，闇齋講敬義內外，有身爲內，天下國家爲外之說。先生以爲不可，遂辯駁其說。闇齋又倡神道學。先生諫爭。」文中所說的「先生」，即淺見絅齋。關於闇齋的敬義內外論，有以下資料可作參考：

> 直其正也，方其義也。君子敬以直內，義以方外。敬義立而德不孤，直方大不習無不利，則不疑其所行也。嘉謂：

「此內外與《中庸》同。」故程子曰：「敬以直內，義以方外，合內外之道也。」

程允夫問《易》。曰：「敬以直內，義以方外。敬以養其心無一毫私念可以言直；由此心而發所施各得其當，是之謂義。此《中庸》言喜怒哀樂未發謂之中，發而皆中節謂之和，相表裏。《中庸》言理，《易》言學。」曰：「此說是也」。

《語類》曰：「敬以直內，是持守工夫；義以方外，是講學工夫。」又曰：「敬以直內，義以方外，只是此二句。格物致知，是義以方外。」嘉謂：「此義方之說，非本指也。」

（《文會筆錄・七之一・五經》）

此外，在闇齋的《朱書抄略》後記裏，他還把《大學》的工夫從「修身」到「格物」、「致知」、「誠意」和「正心」都作為「敬以直內」的項目，而把「齊家」、「治國」、「平天下」工夫作為「義以方外」的項目。

絅齋針對「敬義內外說」有如下評述：

內謂之心，外謂之事物。敬乃守心之方法，義為心之制事。直內則本心正、邪曲無。方外則處事接物，各制其宜，截然方整。

由此可見，絅齋的立場是不同於闇齋的。直方認為，闇齋的「敬」是內在切身的東西，而「義」是外在的事物，並把這種思想記載

在自己的《韞藏錄》裏：「敬是內，謂之身心；義是外，乃身外之事物。《大學》的正心到修身乃內在之工夫，齊家到平天下乃外在之工夫。」進而，他又在該書中否定了闇齋以敬爲身心的思考方法，指出：「所謂內，必爲心之內；敬乃心中之物。義之生，乃人身至外物的過程。」

由此可見，絅齋和直方在「敬義內外論」上與其師闇齋的看法都是對立的。因爲闇齋不僅把敬、內視爲心，而且視爲身，以至固執地與那些不同意這種看法而把敬、內僅僅視作心的弟子絕了義。闇齋的這些思想和行爲，究其原因，我以爲，是由於闇齋把心和身、精神和肉體──亦卽抽象面和具體面、或者精神面和現實面──視爲同一層次而使其相通連續的結果。不僅如此，他還把神和人也作爲直接統一的東西，從而使具有普遍理念的儒敎原理和基於神話而被抽象化的神道諸神連接相通，導致神儒二重性的同一化。由闇齋提出的「敬義內外說」思想，是其精神生活的重要支點。闇齋對堅持以心爲內、以身以下爲外之舊說而反對自己的絅齋、直方，從固執的立場出發乾脆與他們斷絕了師生關係。正因爲此，闇齋的葬禮，絅齋、直方兩位大弟子都沒能出席。尙齋在《默識錄・卷三・爲學・一》中指出：「敬義先生，絕絅齋先生、直方先生，自劇論敬義內外之義，而漸漸如是，故二先生不會於敬義先生之葬。」

第四章　理　氣　論

　　尙齋的理氣論在於對朱子太極論、理氣論的詳細解明並使之圖式化和明晰化。而這種解明又是通過明初的薛敬軒和日本的林羅山、山崎闇齋等諸儒進行的。不過，我們知道，朱子的太極論、理氣論，源於被稱爲宋學之祖的周濂溪及其門人程伊川，所以尙齋理氣論所立基的唯理思潮實發端於朱子以前。

　　濂溪著《太極圖》和《太極圖說》，提出了獨特的宇宙生成論，認爲宇宙之本源是「無極而太極」。不過這則資料按照原來所記載的是「自無極而爲太極」。因而「無極而太極」說，實際上是認爲太極內在於二氣、五行、萬物之中，從而表現出針對於佛老的儒的自覺。朱子認爲：「自無極而爲太極」說乃是老子立場的翻版，故以「無極卽太極」爲是，從而闡明了本源的無極和太極的形而上的存在。

　　本章試圖通過對周子、程子、朱子及其他中國儒者和日本的山崎闇齋等的太極無極論、理氣論、性論、體用論、動靜論的評述，尤其是通過對朱子的詳細解明，來闡述尙齋的思想。

　　朱子以爲，「太極」之「極」乃「至極」之意思，而陸象山把「極」理解爲「中」則是錯誤的（《朱子文集·卷三十六·答陸子靜》）。他擔心最高至純的「理」變得含糊苟且，從而難以保持其純粹性。同時，他還駁斥了陸象山以「太極」爲「氣」的說法，認爲周濂溪的「無極而太極」卽程子所謂的「理」。

　　朱子除提出「所以然之理」（太極）外，還提出了「所當然之理」（《朱子文集・卷五十七・答陳安卿》）。「所當然之理」即道德的規範，是已發而未發的存在，或者說是基於內在之性的法則。

　　朱子認爲，「太極」即「所以然之理」，由此而生陰陽二氣，由二氣而顯現水火木金土五行，由五行而生成萬物（《太極圖說解》）。「理」則內在於萬物而成「性」，從而使萬物各具「所以然之理」，或者說各具「一太極」，這一太極即「各具之太極」（《太極圖解》），而萬物生成之太極乃「總體之太極」。毫無疑問，「各具之太極」和「總體之太極」並非二物而是同一的。

　　朱子具有以太極之理或所以然之理創生萬物的崇高目的，正是從這一意義上，他把太極之理稱作「天地之心」，並認爲，「天地之德」即元、亨、利、貞四德，對應於「人之德」，即仁、禮、義、智四德，而元之德或仁之德則分別貫穿包融了其他三德（《朱子文集・卷六十七・仁說》）。「元」、「仁」之德皆爲「所以然之理」，因而所謂天即人、人即天，即天人合一之精妙處，乃洞然可見。由此出發，朱子自覺到，家、國的道德規範亦即宇宙本體，進而堅信，只要遵守家、國的道德規範，就能達成宇宙的偉大目的。

　　享保十九年（1734年），尙齋寫了《太極圖說筆記》。該書由〈圖解〉、〈太極圖說解〉和〈後論〉三部分構成。〈圖解〉即朱子解釋周濂溪《太極圖》的筆記，又稱〈太極圖解〉；〈太極圖說解〉即朱子《太極圖說解》的筆記；〈後論〉則是針對許應辰、張栻及其他當時學術界的代表人物批評朱子的〈太極圖說解〉而作的辨解和整理，故又被稱爲〈附辨〉。尙齋對朱子

〈太極圖說解〉中的觀點，順次作了評述和解說。

　　首先，關於朱子的「『〇』此所謂無極而太極也」一說，尙齋引用了朱子的「太極一圈，便是一畫，只是撒開了，引敎長一畫」和薛文淸（敬軒）的「太極一圈，中虛無物，蓋有此理而實無形也」兩家釋文，認爲「朱子長一畫之云，固其蘊也耳」，對朱說表示讚賞；而批評薛敬軒的中虛說是「當而有所未盡」，卽說的不充分。尙齋解釋太極圖的第一圖形『〇』說：「圓是天形，天無形，圓是無形之象，太極無體，而至理存矣，圓可以形容之。」

　　如上所述，朱子認爲，「太極」之「極」乃「至極」之意（《朱子文集》卷三十六），尙齋也說：「極者至極之義」（《太極圖說筆記》）進而認爲，所謂「太極」，乃「無聲臭形狀底物事」，形色雖無而「極至之理」存有。

　　朱子在〈太極圖說解〉裏指出：衆人雖皆具「動靜之理」，然由靜而動時則會失此理。對此，尙齋認爲，「太極」乃「動靜之理」，衆人在喜怒哀樂等感情的萌發下，因欲動情發而方失「動靜之理」。由於「欲」寡而「理」明，所以朱子才在〈太極圖說解〉中提出了「敬」的修養工夫，並指出：「敬則欲寡而理明，寡之又寡以至於無，則靜虛動直而聖可學矣。」尙齋認爲，朱子觀點來源於周子的《養心亭記》和《通書·聖學章》。朱子把周子的「主靜」和程子的「敬」揉合在一起，其師闇齋也全盤接受了朱子的這一敎法。故尙齋最後總結說：「此言也，至精至密，圖說（第七第八節解）前後相待，而無遺漏矣。」由上所述可知，尙齋是繼承朱子之說的。

　　朱子從「本體」的立場出發，主張先有「理」後有「氣」，

從禀受的立場出發則主張有「氣」才有「理」；沒有理便沒有氣，沒有氣，理也就無從談起；但兩者並非渾然一體之物。朱子從價值上論述了理氣的先後關係。他還認為，氣具有五行中的金、木、水、火四要素，而理則具備仁、義、禮、智四德（《朱子語類》卷一、卷十一）。

闇齋固守朱子學，承襲朱子的唯理精神，到了尚齋，則把朱子的窮理和居敬兼而用之，並且立足於主知的立場，以居敬貫通窮理。我以為，在尚齋身上，也許有明儒和韓國李退溪的間接影響。對朱子的理氣分合論以及唯理立場有深刻理解的是闇齋門人絅齋。不過對這種以「理」為主的「理氣論」，尚齋卻作了更深密的探究。

尚齋以莫須有的罪名被囚禁在忍城監獄時，曾在自己寫的血書《狼疐錄》的開頭部分中說：

> 人之生也，二氣之合。人之死也，二氣之離。祭祀之禮，合復二氣之道。導之則來，感之則應。同氣相求者，氣也。而氣則理之為體，理則氣之骨子。故根於理而生。循於理而聚者，氣也。氣有聚散，而理無消散。（〈祭祀卜筮詳說〉）

從中可見尚齋對「理」和「氣」的一些見解。

從《狼疐錄》的寫作到七年後《默識錄》的寫作，尚齋對理氣問題的論述進一步增加了：

> 天地之間，只是理與氣而已矣。而理則一定不可易。氣或

可變，故君子惟理之守。(《默識錄‧卷二‧道體‧二》)

> 天只是理與氣而已矣。而其氣亦理之質也。要之只是一個
> 理而已。(同上書)

理和氣是天地萬物之根源，「理」一定不變，而「氣」則變化不定，故爲理之質。尙齋從理氣不可分的立場出發，更突出了「理」的優先地位。我們從以下引文中就能看出尙齋這種基於理氣二元論的立場，而使「理」更優先於「氣」的思想方法：

> 天地之間雖萬殊，然要之不過理氣之二。……性者生之
> 謂，亦理氣之合者也耳。然程子以理也說性。何故遺氣而
> 不言。蓋天地萬物雖不過理氣之二，然亦要之不過曰理
> 也。氣本於理而生，亦理之形而已。(《默識錄‧卷一‧
> 道體‧一》)

在尙齋看來，「氣」本於「理」而生，或者說構成理之形體的「氣」是根之於「理」的。朱子在論述理氣先後問題時說：「此本無先後之可言，然必欲推其所從來，則須說先有是理。」(《朱子語類》卷一、卷十一)「先有理後有氣邪，後有理先有氣邪，皆不可得而推究。」(同上，卷十三)尙齋雖信奉程朱之學，但與朱子所言相比，尙齋似乎比朱子更注重「理」的價值。不過，上述關於理氣的意見，是尙齋在《默識錄》注中卽壬寅年(享保七年，尙齋六十一歲)以前有感而發的。

享保十九年，尙齋在《太極圖說筆記》中論述了理氣問題：

「理不離氣，氣不離理，理是氣之理，氣是理之形，豈外天地陰陽，而唯理獨立。蓋實理無形體，可見可聞者只是陰陽之氣也。」可見，他一方面堅持理氣二元論的立場，另一方面又承認「理」的獨立存在。

在尚齋的這些著作中，鮮明地反映出他既繼承程朱之學堅持理氣二元論，又超出朱子而具有唯理論的傾向。

下面再看看朱子的性論。朱子認爲「性卽理」，但在朱子學看來，這個「性」乃「本然之性」（義理之性）。據朱子說，「理」被具體化而結合爲「氣」，然而「氣」有清濁、厚薄、偏正、精粗等性質之分。朱子把前者稱作「本然之性」，而把後者稱作「氣質之性」。兩者並非相卽共生的東西，而是「本然之性」先行於「氣質之性」（《朱子語類》卷九十五，《朱子文集·卷六十一·答嚴時亨》）。至於性情論和心性論，據朱子說，「心」是「身之主宰」，「心」具備「性」而管理「情」，但「心」並不外在於「氣」，因而「心」不能直接成爲「理」或「善」。朱子進而認爲：「心」的本體是「性」，「性」之用是「情」。因此，朱子反對陸子的「心卽理」說，而推崇程子主張的「性卽理」說（《朱子語類》卷百二十六）。關於「性」、「情」之別，朱子認爲是「體」和「用」的關係，「性」雖由「情」而得實，但「情」並不等於「性」。因爲在朱子看來，卽使「性」爲善，「情」亦未必爲善。

朱子的理氣二元論、性卽理說被日本的儒者林羅山等人所繼承。至於尚齋，則在享保十四年（1729年）六十八歲時寫了〈體用顯微考〉一文，文中以「性」爲中心，圖示了「理氣」和「動靜」的關係：

並論述說:

> 合體用，兼動靜，統理氣，包顯微，有性也。其目五，謂
> 之仁義禮智信，亦謂之道，亦謂之德。如此見而可得孔孟
> 之旨矣。然形器上下之分，固不可混，則其所主者又不可
> 不知焉。

由此可見，尙齋是以「性」兼容統合動靜、理氣以及體用、顯微
的，而且把「性」定義爲仁義禮智信五德。

朱子雖遵從程子之說，主張「性卽理」，但在〈太極圖說解〉
裏，他卻提出了太極之理爲性之本體的觀點，認爲「天下豈有性
外之物」。尙齋據此作《太極圖說筆記》，認爲朱子的太極是無
聲無臭、無體無方的；進而對太極和無極、陰陽二氣和五行、五
行和性的關係，以及性爲理氣之妙合等問題作了如下論述:

> 所謂太極本無極者也。然此就五行曰性，性又是理氣妙合
> 者，五行則是二氣，二氣則太極初無歉欠間隔，是以無極
> 二五，渾成者性之本體也。天下之物不外五行，則豈有性
> 外之物哉?

此外，朱子又認爲，在五行生發之際，因稟受各種相異的氣質而導致「各一其性也」。對此尚齋表示贊同，他解釋說：「性者，萬物之一源，其本體如上文所言。」由尚齋所作的筆記可知，尚齋對朱子的性論是明確表示同意的；從中亦可看出，尚齋是如何遵守、繼承朱子學說的。

至於體用論，朱子以周子的《太極圖說》爲基準，認爲太極之理動而生陽，靜則生陰；因而事物的作用卽「用」在於「陽」。並且以程子的動靜無端、陰陽不分先後（《二程全書》卷四十六）說爲是，主張陰陽、動靜無先後。

尚齋在《狼戾錄・卷三・體用顯微說並圖》中，亦論述了體用、理氣、動靜的關係：「體用以動靜言，顯微以理氣言，是正意。靜者不可見，而動者可見。故以體用爲顯微，是亦一意。」把體用顯微二而一之，一而二之。另外，尚齋又基於朱子以太極爲萬物生成之理的立場，對體用以及理氣、動靜、顯微的關係作了如下的圖示和解說：

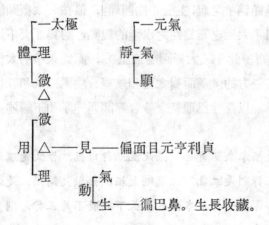

為動靜者氣也，所以為動靜者理也。靜時渾然一理、一太極已。

　　他還在《默識錄》中對體用問題作了以下闡述：「體用一源，體立而後用行。乃是理之先於氣也。」（卷一，〈道體‧一〉）文中所謂「體立而後用行」不過是朱子在《中庸章句‧序》中所注的「必其體立而後用有以行」之說的翻版，由此可進一步體會到尚齋是如何重視朱子學說的。而且我們從尚齋所謂的「理之先於氣也」一說中也能窺見其基於理氣二元論而卻以「理」為中心的唯理論的立場。

　　在《體用顯微考》中，尚齋又借用朱子《程子易傳‧序》和其師闇齋的話闡發說：

　　　《程子易傳‧序》曰：體用一源，顯微無間。山崎先生曰：尹和靜問，至微者理也，至著者象也。體用一源，顯微無間，莫大淺漏天機否。伊川曰：看得甚好，如此說破猶人解悟，不得已言之耳。⋯⋯

　　尚齋還摘錄了朱子的《語類》、《文集》及薛敬軒的《讀書錄》和《讀書續錄》等書中的「體用顯微說」，並自稱基於朱子之說而作成了「體用顯微圖」。關於該圖的內容放置後述的動靜論中再揭示。

　　在《太極圖說筆記》中，尚齋還摘錄了朱子有關「體用一源」的一段話：

若夫所謂體用一源者，程子之言，蓋已密矣。其曰體用一
源者，以至微之理言之，則冲漠無朕而萬象昭然已具也。
其曰顯微無間者，以至著之象言之，則即事即物，此理無
乎不在也。言理則先體而後用。蓋舉體而用之理已具。是
所以為一源也。……

對此，尚齋持與朱子「言理則先體而後用」之觀點同樣的立場，
從主張體用有先後之分到認為體用二者相離：「先體立而後有用，
則體用二而相離也。」正如尚齋在理氣論中堅持二元的立場，而
表現出超越朱子的唯理論傾向一樣，他在體用論中亦持體用二元
的立場，而表現出重視「體」的傾向。

最後再看看尚齋的動靜論。前面已說過，尚齋在《狼疐錄》
中曾對「動靜」和「體用」、「理氣」的關係作過圖示，把「理」
視為動靜之所以然。但在〈體用顯微考〉裏，他對「體用」、「理
氣」、「動靜」則作了如下的圖示：

把動靜作為氣，動靜之所以然作為理，並且指出：

動靜者氣也，所以動靜者理也，故理氣而有動靜字。統體
者體也，區別者用也，故太極對元亨利貞。則太極體也，
四德用也；太一，氣之元，生長收藏，氣之分。故太一為
氣之體，生長收藏為氣之用。體不可見，而用則有迹。故
靜者微（靜者氣不用事只是理耳），動者為顯（動者氣專
主之）。

若與前揭《狼戾錄》中的〈體用顯微說之圖〉比較，就能一目了
然地看出，「動靜」、「體用」、「理氣」之相互關係被極為簡明地
圖示出來了。

　　尚齋還對朱子〈太極圖說解〉中的「太極之有動靜，是天命
之流行也」一說作了如下說明：

又嘗竊謂，動靜是造化流行，自然之機，而靜自為之本，
聖人亦猶此也耳。聖人仁義中正流行於動靜之間，動靜相
推，靜常為之主，與天地一般。夫靜極動，動本靜，靜常
為全體，而動出於其中者。無欲而自然靜為之主，是聖人
之敬也。敬以寡欲，此心常主一。（《太極圖說筆記》）

認為靜是動之本，由寡欲而達敬之工夫，從而本於靜。在同書中，
尚齋又進一步認為：「靜坐只是學者習主一之工夫。求靜而有意
於靜，故朱子恐有絕事棄物，兀然坐忘之弊。」指出了靜坐的具
體方法。從上述幾方面可以看出，尚齋是非常重視體驗的。
　　在近於《太極圖說筆記》的末尾處，尚齋還詳細筆錄了朱子
在〈後論〉中的一席話：「大抵周子之為此言，語意峻潔而渾成，

條理精密而舒暢，讀者誠能盡心一意，反復潛玩，而毋以先入之說亂焉……熹旣爲此說，嘗錄以寄廣漢張敬夫。」對這番話，他認爲切不可默識於「言意之表」。他要求學者必須因於言辭而會得眞意，由意及表，從而把握「太極圖」的妙用和《太極圖說》的趣旨。接着，尚齋又在該書的末尾對「太極」、「動靜」、「陰陽」、「道器」等範疇作了圖解：

靜誠之復　　一陰成之者性　　終萬物各正其性命也

太極（之有）天命之流行（之謂）道誠（者聖人）之本　物之命之道也

動誠之通　　一陽繼之者善　　始萬物之所資以始也

自其微者而觀之則冲漠無朕而動靜陰陽之理已悉具於其中

太極者本然之妙也　　　　　　　　上之道也

　　　　　　　　　　　　　　形而

　　　　　　　　　　　　　　下之道也

自其著者而觀之則動靜不同時陰陽不同位而太極無不在焉

第五章　祭祀來格說和神道批判論

　　尙齋師事闇齋之時，曾學習過神道，這在前面已說了。那是因爲，闇齋所創立的神儒混合的垂加神道在當時已日臻完善，並且得到了廣泛的認同。關於尙齋壯年時代到老年時代對神道之見解的轉變，平重道氏曾作過如下論述：

　　在被推定是其壯年時代所作的〈書討論筆記後文〉中，彼持「不疑神道，亦不敢學」的消極肯定的立場。因《討論筆記》是成書於元祿十三年（尙齋三十九歲）的作品，故尙齋附記的〈後文〉當是作於離這一時期不太遠的時間吧。但是，尙齋對神道的肯定，其實並非出於對神道內容的探究，而是出於對闇齋學識的信賴。所以有諸如：「予昔從先生遊，而未與聞其說，固不知所神道之原委如何」；「然嘗竊謂，先生之學識，豈眩於異端邪說者也哉」之說。然而，神道之說，一般認爲是「立敎設法，或有小異同；擇粗語略，或時少出入；然要之不外於倫理」，不能與異端佛敎同日而語。因其爲吾國固有之遺敎，故凡生長於此土壤上者，都會理所當然地敬信遵奉神道。把神道與儒敎併學無絲毫害處，故所謂「學神而不求於儒」並不是闇齋的本意，闇齋自己就是主張學神道者必學儒敎的。而學儒敎者卻並不繼續學習神道。這便是尙齋自己所述「不疑神

道，亦不敢學」的理由。尚齋的這一態度雖是對神道的消
極肯定，但聯繫其「凡生此土者，所宜敬信而遵奉焉也」
的論斷，還是接近於絅齋的見解的。由此可見，他雖然沒
有直接向闇齋學習過神道，但與闇齋對神道的信仰態度卻
是有共識的。（〈三宅尚齋的神道批判和鬼神來格思想〉，
載《文科紀要》第六集，一九六〇年二月東北大學教養
部）

由上述資料可知，尚齋在壯年時代雖沒有研究過闇齋的神道，但
對神道卻持消極肯定的態度，而這種態度又是接近於淺見絅齋之
見解的。正如淺見絅齋在《先達遺事》中所說：「闇齋門人毅然
不惑神道，醇乎醇者佐藤、淺見、三宅三君子而已。」他們雖然注
意不被神道所「惑」，但並不否定神道。他們只是反對當時信奉
神道的人個個敬畏，祈禱神靈，大建神社，而外人倫之道的形式
主義的做法，但並不否定闇齋的神道。不過，他們對於闇齋與建
靈社的做法還是持批評態度的。絅齋在〈答跡部良顯書〉中說：

信神道者之病，乃以神道為吾國所獨有，以神妙奇特為日
用，而視三綱五常、聖賢之教為異國之道；重形式，而不
習人倫日用和仁義實際；祈禱、靈應、禍福，使人人敬
畏；建神社，而對忠臣義士、人倫道德不聞不顧。不僅如
此，還有許多弊害，難以逐個記載。山崎先生興建靈社之
事，也是其弊害之一。（〈答跡部良顯問目〉）

絅齋還認為，「神道乃日本天地一統、古今一貫之道，而並非某一

人之道」（同上書）。絅齋晚年雖致力於宏揚神道，但終歸未入神道之門。關於這個問題，谷秦山❶說得很清楚：

儒者對別國懷有特殊厚意，而卻把我國之「道」視為異端，口出惡語，然所謂異端，卻無任何根據；其學風之輕薄、猥褻，不足掛齒。……山崎先生過世後不久，淺見安正（絅齋）雖在晚年曾致力於神道，但僅僅一、二年時間便放棄了。（《保健大記打聞》卷一）

若林強齋在《雜話筆記》中也說：「如果絅齋當時也能傳授神道的話，那麼現在山崎氏所傳的神道也就不會使世人困惑了。」流露出人們對絅齋未能入神道之門的痛惜心情。

佐藤直方認為，儒道與神道不可能共存。在他看來，宇宙只有「一理」。他說：「宇宙之間，一理而已，固不容有二道矣。儒道正則神道邪，神道正則儒道邪。從於正則離邪，從於邪則離正。豈有兩從之理乎？」（《韞藏錄・卷二・討論筆記》）所謂一理一道之正道，即「中國至聖大中至正之訓」。就是說，直方是否定神道，而決不容忍儒道以外的其他「旁門左道」存在的。

正如前述，尚齋師事闇齋的時間很短，闇齋死後，他便從學於絅齋、直方了，因而就從師學習神道而言，他僅在闇齋門下學了大約兩年光景。他對闇齋所創的神道並不反對，而是持消極肯定的態度，這也是他四十五歲以後的神道觀。他駁斥了把神道作

❶　谷秦山（寬文三年——享保三年）於1663年生於土佐國長岡郡八幡村，係谷神右衞門重九的第三個兒子。父為神官。秦山曾向外祖父島崎氏和岡安節學習過四書五經。後又分別就學於淺見絅齋和山崎闇齋。

爲我國固有之道的說法(《默識錄・卷一・道體》),同時也對神道開天闢地說進行了批判(《默識錄・卷二・道體・二》),並且痛斥了對神道牽強附會的臆說(同書,卷四,〈爲學・二〉)。而這些批判均爲《默識錄》執筆以後的事情。(平重道〈三宅尚齋的神道批判和鬼神來格思想〉)

在執筆《默識錄》(五十四歲)前八年,即寶永四年,尚齋被囚禁於忍城監獄約兩年時間,不僅其身心經受了嚴酷的考驗,而且其生命亦面對死亡的危險。處在如此絕境下的尚齋,終於體會並思考了「鬼神來格」說。鬼神是人的靈魂,在儒教中是祭祀、家禮活動的根幹,屬於儒教中的宗教成分。在中國,從朱子開始,又經黃勉齋、眞西山及其他儒者的闡發而趨於完善。在我國,山崎闇齋在《文會筆錄》裏收錄了先儒有關鬼神的說教,絅齋和直方也分別在《家禮師說》、《鬼神集說》裏言及了朱子的鬼神論。尚齋在忍城牢獄囚禁期間,因爲伴隨著其與生俱來的宗教虔誠性格,故尊崇鬼神來格而不斷地求救於鬼神,並基於這樣的思考,而體悟到了「鬼神來格說」。尚齋認爲,只要「誠」心去祈求,是可以得到「鬼神來格」的。他在《狼疐錄》裏說:「祈雨有此理,誠之至必有應。」(卷三,〈雜說〉)寶永四年在尚齋身上發生的繫獄事件,可以說是其心靈的一次覺悟,是對其精神、肉體的一次嚴酷鍛鍊。在當時的逆境中,在生存的欲望強烈萌發時,能夠起到安魂定心作用的,除了宗教,別的什麼都不行。立足於儒教而對其他思想和安易妥協精神不以爲然的尚齋,只有求助於儒教中的宗教性成分,即鬼神來格的信仰,以作爲安心立命的根據。鬼神是人的靈魂,鬼神也是宗教區別於其他學說的根本。鬼神還是有關於人之生死觀的學說。在尚齋看來,人是因理

氣之妙用而生成的，因而只要本於天理，盡於誠敬，就能使陰陽二氣復合，使鬼神來格。

尚齋又認爲，人之心中有「藏往」（藏有往事，往事卽過去）的作用，因而能夠求得「已往的鬼神」。他主張用「已定之理」追求過去之事。這個「已定之理」，據他說就是揭明內在之理而使鬼神來格的方法，他例舉了格物致知、龜策卜筮等方法。

不僅如此，尚齋還認爲，旣然人之生成是由於「理氣之妙用」的結果，因此人的生命是永遠不滅的。祖先的精神現在仍內在於生生不息的人類精神之中，而且這種精神將會由子孫的心靈所繼承下去。他說：

> 昨日言動，前年祖考，皆根於理而生。雖事過祖考死，亦其理則不滅。不滅之理，復爲所根之理。昨日言動已過，而其理則存於今日耳目。存今日耳目者，便是藏於方寸之故也。前年祖考已死，而其理則存今日子孫。存於今日子孫者，便是藏於天神之故也。（《狼戾錄・卷一・祭祀卜筮詳說》）

認爲祖先的精神是永存的。

就囚禁於忍城牢獄的尚齋來說，其人生的一大不幸就是不僅沒有克服神道的神迷成分，而致力於使儒敎政治哲學化和道德倫理化並活用於現實社會的事業，反而以此爲契機而確立了作爲信仰的儒敎觀。在忍城的囚禁生活結束以後，尚齋便完全放棄了其師闇齋的垂加神道，而建立起基於鬼神信仰的宗敎的儒敎觀。同時，對神道的批判態度亦愈加明確和堅定了。

　　尚齋曾利用書信交往與谷秦山討論過神道，並且批判了秦山信奉神道的做法，指出：決不可以突顯神道來廢棄儒學。而谷秦山則認爲，對日本人日常活動來說，應以神道爲主體，儒學爲羽翼。他在信函中說：

> 　　神道之儀，還望添奉異見。事長天久，多有書函說明愚意，不當處還望退屈示教。
> 　　來書❷曰：仰聞神道之儀繁瑣複雜。望能固守我國歷來之正道，堅持儒學之方向。這點連先生❸也根本沒有弄清楚。……

　　以上是享保三年正月五日秦山寫給尚齋回信的一部分。同年六月十七日他又給尚齋寫了第三封信，半個月後，卽六月三十日秦山就去世了。秦山曾先後師事絅齋和闇齋，但終因貧困和眼疾而回故鄉土佐待了一年多。在故鄉期間，他又通過書簡往來向闇齋求教學問，直至闇齋過世。闇齋死後，秦山於元祿七年三十二歲時就學於闇齋的門人澁川春海（此人貢獻於神道的是寫了《貞享曆》）；然後，又分別跟京都的安倍泰福卿和伊勢的神主荒木田經見學習過曆術和神道。

　　在尚齋收到的信函中（卽上面所引的秦山給尚齋的回信中被引用的內容），有所謂「先生（指山崎闇齋）也根本沒有弄清楚」的話，可見，這時的尚齋已對闇齋的神道持否定態度了。四年後的享保七年二月十日，又有這樣的話被記載在《尚齋先生雜談

---

❷　「來書曰云云……」，係指三宅尚齋書簡的內容。
❸　「先生」，指山崎闇齋先生。

錄》裏:「山崎先生對儒道的功績不勝枚舉。今日能知程朱之正道，全仰仗山崎先生的指點。遺憾的是先生對神道仍抱殘守缺。」當時山崎闇齋相信日本的《神代記》之內容是完全正確的，尚齋批判了這種看法。儘管如此，他還是明確承認自己是從山崎闇齋那裏學得程朱之道的。比如，他雖然對闇齋的神儒混合說持否定態度，但對正確承繼程朱之學的恩師闇齋卻始終懷有尊敬之情。這從上面的引文中也能窺見一斑。文中所謂的「抱殘守缺」，是指日本神道之書《神代記》裏錯誤的內容。

　　尚齋對神道的排斥，到了老年就更加顯著了。比如他禁止門人研學神道，尤其到臨死前其訓戒就愈加嚴屬了。據《道學淵源錄》載:

> 尚齋先生教授生徒，禁學神道，著為條約。及卒遺命諸子，若有違犯，非吾徒也。而尤通鬼神情狀。其在忍獄，血書《狼疐錄》，及晚著《來格說》，多先輩所未及。平生時祭，晨謁誠敬匪懈，真如在云。（〈尚齋先生實記·下〉）

　　享保十六年，尚齋已是七十歲的老人，但仍於九月十七日開講了《祭祀來格說講義》。在該講義中，關於「鬼神來格」，他有以下一段論述:

> 「江河浩浩──」這樣的祈求鬼神來格的祭祀活動，在《中庸》、《孟子》等典籍中也能看到。在《書經》裏則比比皆是。「來格」是天命的指令，故初學者總感相距甚

遠，而難以望及。究理之極意即在於此。性、天道等深奧
之意，雖子貢也不得聞也。

另外他還批判了「神儒二道兼用論」：

> 日本有把鬼神來格與神道相比附的，江戶人甚至有所謂「作
> 餅不能沒有作坊，不知神道便不能解明鬼神」的說法。這
> 種看法，在山崎先生那裏及其門流中都不難找到。其實這
> 種觀點無論怎麼說都是毫無價值的。……這些人掘坑埋掉
> 經書，捨棄儒道而只信神道。疏遠聖人而只想成為神人。
> 雖有人讀過「四書」，但卻棄之不顧。這些人所謂的「道
> 有二」乃是目光短淺的不明智的見解。

文中所謂「日本有把鬼神來格與神道相比附的，江戶人甚至有所
謂……」的評述，反映了神道也包含「鬼神來格」的神儒併立的
思考方法；而最後所謂「道有二乃是目光短淺的不明智的見解」
的批評意見，則反映了尚齋要求捨棄神儒併立論的立場。

　　當時信奉神道的人都讚美本邦皇統綿綿，皇位萬世相傳，以
坐堯舜湯武之上。對此，尚齋予以否定，他說：

> 我邦神者曰：皇統綿綿，萬萬歲不變，以坐堯舜湯武之
> 上。殊不知，其百代間，正統既絕焉，以一姓革命了。斯
> 知，變革天地之常，自不得不變革矣。若我邦，若秦漢以
> 後，則變得而不善者也。（《默識錄‧卷五‧爲學‧三》）

在這段話的末尾注有「戊午歲」，故可知是元文三年尚齋七十七歲時所作。已到了暮年的尚齋認為，天皇在日本已有百代之傳，其皇統的正統性早已喪失，縱然皆為一姓，但革命卻已發生，這就是「變革」的規律。

尚齋除了批判神道外，還批判了佛教和老莊。他以儒教為宗教，認為儒教提倡的是安心立命和生命不朽；儒教蘊含了鬼神來格、基於祭祀的祖先來格和基於龜策卜筮的天人合一精神以及預知吉凶的功能；從儒教的基本精神和功能中，可以窺知人的生命從祖先傳至子孫的不滅性。因此，尚齋不僅要克服神道的影響，而且還要否定老莊思想。例如，他所謂「天」先於「地」而立；君主、父、夫為「天」，臣、子、妻為「地」等各種比喻，以及認為：「天」者，「陰陽而已」。這些觀點在佛教、老莊思想以至神道中都是難以理解的（《默識錄・卷二・道體・二》）。

尚齋特地從《大學》三綱領中提揭出「明明德」和「新民」說，認為佛教即便有「明明德」，也找不到「新民」，借此非難佛教（同上，卷一，〈道體・一〉）。儒教是從肯定現實的立場出發，主張經世致用，注重人倫道德，而佛教卻是否定現實，主張出世，追求安心立命的境地，兩者雖然都以「明明德」為根本，但對於現世人生的態度兩者卻是全然不相容的。在尚齋看來，否定現世，脫離人生的佛教所倡導的「明明德」是不可能在理論上自圓其說的。「明明德」只有通過齊家、治國、平天下等現實生活才能存立，而儒教的「明明德」就是立足於這種思考方式的。對於儒佛之辨，尚齋在其壯年的某段時期是並不明確的，但自從出仕忍藩後，看到石川嘉左衛門（忍藩士）喜歡佛教、整日坐禪的情形，就覺得既然石川氏要獻身於佛教，那就應辭去官職，捨棄妻

子，若不這樣做，就顯得虛偽了。所以有評論說：「先生雖謹恪，亦妙於曉喻。有石川某，嘗好佛坐禪。先生云：子何不去妻？曰：無可去之故。先生云：子何不辭仕？曰：無可辭之義。先生乃曰：佛法不仕不妻。子果愈於釋迦。」（《道學淵源錄・尚齋先生實記・上》）

第六章 倫理說

(一)五倫論

　　人類社會生活中的最重要的人際關係，在儒教中被表現爲父子、君臣、夫婦、長幼、朋友五種關係，並依次被賦予了親、義、別、序、信五項德目。這五德目又稱「五倫」；自孟子以來，一直作爲儒教道德思想的核心，這是眾所周知的。在日本，以熊澤蕃山的《五倫書》、室鳩巣的《五倫名義》等著作爲開端，在許多其他著作中，都能看到不少有關五倫的論述。陳北溪在其《道器論》（朱子把「道」作爲與「氣」相對的概念，並等同於「理」，把「道」置於「器」之上）中，將「義」、「親」、「別」、「序」、「信」五德視爲「道」，而把「君臣」、「父子」、「夫婦」、「長幼」、「朋友」五種人際關係視爲「器」。尚齋贊成陳北溪的觀點。他在寶永七年夏會晤京都的淺見絅齋時，談論了《道器論》。絅齋對尚齋說，以前先師闇齋也是贊成陳北溪之說的；理即事物之理，窮理方能即物，不窮理便不能即物（《默識錄》卷五）。

　　關於父子關係，尚齋認爲，父子一體，子之身體即父之身體；同樣，父子之精神也是同一的，此即理一。但尚齋又認爲，父子之心有別，雖然各自的精神都依附於木主，但精神和木主是對立的。就是說，尚齋是按照理一分殊的原則把握父子關係的（《默識錄》卷一）。另外，在尚齋看來，人之理氣皆稟受於己之

父母，不毀傷身體即維護了從父母那裏傳承下來的「氣」；立身行道，顯揚父母之名即維護了從父母那裏傳承下來的「理」。因此，尚齋提倡保身敬道（《默識錄》卷六）。

一般認為，五倫中父子關係是先天的，而君臣關係與夫婦、朋友關係一樣，是人為的；人為的關係，歸根結底是功利的關係。針對這種看法，尚齋認為，天地間的人都是天之子，人與人之間彼此都以上下關係被約定着。因此，尚齋指出，君臣關係絕不僅僅是由俸祿授受關係所決定的（《默識錄》卷一）。

進而尚齋又指出，只要基於被決定了的君臣關係，父子、兄弟、夫婦之道就能得以實行。這是因為，尚齋的立足點是，與君臣關係有上下之分一樣，父子、兄弟、夫婦之間也存在着上下之別。如果具有明確上下之分的君臣關係不能成立，那麼其他四倫也就泯滅了（《默識錄》卷一）。

這樣的君臣之義在五倫中無疑是最高的德目，而對這個問題的論述，在崎門學派中要數淺見絅齋最多。猶如前述，絅齋以天子（天皇）為君主，而諸侯皆非，故反對仕於諸侯，一生居留京都，效忠於天子。因此，絅齋思想的特色應從日用實踐倫理的角度加以把握。他的志向是究明和實踐「君臣有義」之理。他的這種充滿熾烈的志向曾令人瞠目結舌。這只要讀一下他花了四年心血寫成的《靖獻遺言》，就可明白他是怎樣堅守和實踐臣下之道的。我以為，把絅齋視為兄長，並在闇齋死後移住京都求學的尚齋，是受到過絅齋「君臣有義」之教誨影響的。

尚齋雖很重視君臣關係，但卻遵從孔子的如下教導：「齊景公問政於孔子，孔子對曰：君君、臣臣、父父、子子。公曰：善哉！信如君不君，臣不臣，父不父，子不子，雖有粟，吾豈得而

食諸？」(《論語‧顏淵》)「子曰：直哉史魚，邦有道如矢，邦無道如矢。君子哉蘧伯玉，邦有道則仕，邦無道則可卷而懷之。」(同上。〈衛靈公〉)當諫言君主後君主仍不改正錯誤時，就要徵得君主允許而辭職離去。例如，宋代的眞西山（1178～1235年）說：「道卽正理」，大臣應根據正理仕君，當君主不符合正理時，就可以不服從，還可以辭職離去。尚齋贊成眞西山「道有不合則去之，不苟留也」的立場。不過眞西山實際上並沒有履行自己的話，所以尚齋說：「眞氏不潔去就之義，眞乃遺憾也。」正因爲此，尚齋於十多年前就因直諫君主阿部正喬的非道政策遭正喬拒絕而再三提請致仕，結果被捕下獄。在提請致仕時，他向忍侯阿部正喬闡述了自己隱退的理由：「不合而不知去者，貪祿也，貪祿者何能愛。不合而去者，知義者也，知義者必致身以事其君。」(《默識錄》卷五)就是說，尚齋不僅正確辨析了君臣之道，而且徹底實踐了這一標準。

尚齋還把夫婦關係放在特別重要的位置，因此，對尚齋來說，離婚是絕對不行的。享保十五年七月二十日他六十九歲時，說過這樣的話：

> 夫婦之事，無論怎麼說都不應分離。君臣以陽陽結合，故據「義」而言去留。夫婦以陽陰結合，且陰統一於陽，故陰爲後天之物，不可與陽分離。卽使父母要妻回娘家，妻也不應離夫而去。(《尚齋先生雜談錄》下)

前面已說過，尚齋在三十一歲時卽元祿五年與田代氏的次女久米結婚，三十七歲卽元祿十一年其妻久米就去世了，年僅二十

二歲。元祿十二年其妻喪忌日過後，尚齋於二月二十四日與亡妻之妹田代氏的三女清再婚。十六年後的正德五年九月二十七日，即尚齋五十四歲那年，後妻清去世。此後，一直到八十歲，尚齋都沒有再婚。由於尚齋的兩位妻子都早早去世了，所以結婚生活幾乎沒有給他帶來什麼幸福。儘管如此，他仍認為夫婦之關係是非常重要的。所以他說：「夫婦無論怎樣都不應分離」；「君臣以陽陽結合，故據『義』而言去留。」

尚齋認為，「夫婦有別」並非聖人的創造，而是本然之道。提出這一觀點時他已五十二歲（正德三年）。他指出：

> 天健而動，地順而止，火之性炎上，水之性潤下，皆相交而相和。夫義而正，婦順而從，夫盡陽德，婦守陰德，不相瀆而和，謂之別。別一字，夫婦本然之道，非聖人之作為矣。小學所載夫婦終身事此一字包括盡矣。（《尚齋先生文集》卷下，〈批山田玄清〉）

那麼，尚齋對於結婚和後嗣問題是如何考慮的呢？他認為，結婚乃人生之要緊大事，指出：「不娶妻而絕後嗣，此乃大不孝。故迎妻之事比其他任何事都重要。」（《尚齋先生雜談錄》）

儘管尚齋十分痛愛自己的妻子，但作為一名重視實踐的儒教徒，不能不對自己有無後嗣者的問題感到憂慮。在他七十二歲時關於妻和妾的問題曾講過這麼一段話：「妻乃與吾身齊等，故不想以再嫁之女為妻，但妾則不介意也。」（《尚齋先生雜談錄》）何以不介意？因為他想要後嗣者。尚齋前妻所生的長子重德（一平）也早逝，使尚齋面臨了絕後嗣的危機。對於以儒教為宗教並

相信祖先來格的尚齋來說，若絕了後嗣者的祖先祭祀，簡直是不可想像的。因此，爲了得到後嗣者，他對娶妾是不介意的。對妻子格外疼愛的尚齋到了人將就木之年連後嗣者都沒留下，所以他曾爲自己未能娶妾而生子痛悔不已：

> 先君子曰：先生老遭子之喪，甚憂無繼嗣絕祭祀。晚年謂正義曰：吾唯有一男早死，良可謂命矣。今而思之，恨往時不買妾焉。古昔王侯有妾媵者，為慮絕其後也。然則雖士庶人之賤，其無子者當買妾。予未始盡人事，何得委之於天命乎？先生性嚴，行有律，故每事不苟，而於其報本之禮，尤盡其力。又於異姓不可祀之義，固明其道矣。然有勢不及者，故有此嘆也耳。（《道學淵源錄》）

文中所提到的「正義」即稻葉迂齋。由此可見，晚年的尚齋對無留下後嗣這點是非常痛悔的。從中我們也能看出，當時的女性觀是不同於現代的，女性的存在，僅僅是爲了生兒育女。尤其是按照儒教的敎旨，傳宗接代而使祭祀先祖的事業連綿不絕乃是頭等重要的事情。

（二）修養論

（1）知行論

在尚齋的五倫說中，父子、君臣、夫婦之道被強調得最多，而且不僅僅是倫理思想的探究，更主要的是突出了實踐的重要性。他以朱子的「知先行後」說爲理論基點，認爲淺知而後小行成，小行成而後知益深；知深而後行之大者成也。因此，在他看來，

「致知力行」乃是最大的學問。他指出:「學之道無他,在致知力行之二而已。先後不亂,工夫不缺,則近道矣。」(《狼疐錄・卷三・知行問答》)

那麼,知行先後的關係究竟怎樣理解才是正確的呢?對此尚齋有如下一段長篇論述:

> 合一無先後,則工夫始於何處。如吾子言,却謂之行先知後而可。……以格物為正視聽言動,則格物是力行,而在致知之前。予故云:如吾子言,則却行先知後,且正視聽言動,是顏子克己,仲弓敬恕,與誠意正心,如何分別。如吾子言,則正誠亦格物耳。所謂視聽言動,有自然之則者,不有先知之,則何以正之。……夫知有淺深,行有大小,雖云知先行後,亦以深知與小行言之。知却在行後,然淺知而後小行成,小行成而後知益深,知深而行之大者成。則知先行後之序,依然存其間矣。十五志學,而三十立,知之淺而小行之成也。不惑,知天命,而耳順,而後不踰矩,知之益深,而行至其極也。知先行後之分定,而其進行之間,相須為用,猶左右足,依左足進而右足從至,依右足至而左足復進。雖有知先行後之說,亦固非為知成而後行始力。今之學者,唯知是勉,不省於其行者,豈足論之哉! 知先行後,固非程朱之言,古聖賢言之已歷歷,程朱特述之而已。 (同上)

(2) 修養論

尚齋雖以致知力行為宗旨,並且十分注意嚴格要求自己,但

他與闇齋一樣，是通過存養工夫來求得道之本根的。所謂存養，是指保持和生成本心從而培養人天生具有的善性。這是個由孟子首先提出後得到宋儒重視的問題。在崎門學中也被作爲非常重要的課題。尚齋在《孟子尚齋筆記》（別名《孟子集注資講》）中指出：

> 存心養性初非兩事，故答張敬夫書曰：心主乎性者也。敬以存之，則性得其養而毋所害矣。然或問則曰：存心者氣不逐物而常守其至正也。養性者事必循理而不害其本然也。郭郭心能存而不失，則性豈不養哉？然心者氣也，理者性也。存所盡之心，是守氣功；養所知之性，是順理之事。

就是說，「存養」雖由「存心」和「養性」組成，但兩者是不可分的同一體。此外，當時有人主張爲了克服邪念，除存養外還需加上省察、克己之功。尚齋針對這種把存養、省察、克己三者分疏的傾向，貫徹最堅決的則是「存養省察」兩事。他認爲，所謂天地之道，動靜一言已盡之，而存養主靜乃貫徹於全體之中；省察存在於克己之初，克己存在於省察之終。所以他說：「謂之存養克己則省察在克己中，謂之存養省察則克己在省察中。」（《尚齋先生文集・卷中・存養省察克己分屬說》）

到了正德六年（1716年），尚齋對岩崎守齋❶所著的論述「存養省察克己」三功的《三功筆劄》一書提出了尖銳批評，明確主張省察之中包含克己的觀點：

---

❶　岩崎守齋，是淺見絅齋的門人，名修敬，號稱宗助，土佐人。

　　夫存養省察二言盡學之全功，無復遺漏矣。而後之學者更
添克己一目，以為全備焉。余云：謂之存養省察則克己在
省察中，而更添卻克己而言者，非朱子所謂存養省察。岩
崎翁深疑之，著數篇書，皆謂省察屬存養。是等學者所談
而彼此意不相合，可憂之甚。　今讀此筆劄，復述卑意如
下：

靜體 ── 存養　全體之功，而其分則屬靜，所以養道之體。

動用 ── 省察　專施之於動，所以察道之用。

靜體 ── 存養　以體用動靜分屬之，則省察克己共皆動處之功，
　　　　　　　　以克己屬省察何疑哉。

$$動用 \begin{cases} 省察 \\ 克己 \end{cases}$$

　　（《尚齋先生文集・卷中・〈讀岩崎守齋翁「三功筆
劄」〉》）

　　尚齋特別注重「存養」，這在寶永四年（1707年）他四十六歲
那年因諫言忍藩主阿部正喬而激怒藩主被下大獄之際已看得很清
楚了。稻葉迂齋在尚齋遭逮捕前曾訪問過他，見屋內整然，什物
絕無，主人靜默端坐，妻子已被送到妻兄田代太兵衞家居住（《白
雀續錄》）。因眼前過於整然寂靜，故迂齋探問其原因，尚齋回
答：即使選擇自殺，也不能像投井自絕那樣卑怯地死去。所以我
要整理好什器，等着捕縛的獄吏來。尚齋接着又說：眼下我雖致
力於存養工夫，但效果很不理想，心境並未恢復到平素的狀態。
而一個叫宮部豐重的忍藩士，其罪名雖與我相同，但居然心不為
所動。他在學問上儘管比我差，然而在存養工夫上我卻比不上他

（《道學淵源錄・迁齋學話》）。尚齋對迁齋說:「眼下我雖致力於存養工夫，但效果很不理想，心境並未恢復到平素的狀態。」說明他在捕縛的獄吏到來之前仍念念不忘存養工夫。

迁齋告別尚齋後，歸途中到尚齋弟重一的寓所作了短暫停留，向重一轉告了尚齋的囑托:「吾事及此，死生不可量，但不敢爲阿叔辱❷。汝勿煩念。」（同上）

(3) 靜坐論

尚齋於寶永四年五月十四日在江戶屋敷被捕，二十三日被逮到忍城，囚禁在城內的一間房裡。牢房設在藩主廄卒（廄，養馬之處——著者注）的居所旁邊，周圍建着欄杆；房間能收容六個人，中間放着便盆；伙食一日兩餐，一菜一湯；晝夜各有四個和兩個獄吏看守。《道學淵源錄》是這樣記述尚齋的獄中生活的:

> 不櫛不浴，無茶可喫，無燈可對，終日靜坐，酉後被念寢而已。日又一日，思惟吾不死，家弟益苦，妻子亦無歸者，且與長煩吾君，不如早死爲當。但無可刎之刀，無可縊之梁。

尚齋在獄中「終日靜坐」。他對家族境況的憂慮以及想到自己使君主常煩惱的現狀，便產生了自責心理。在崎門學派中，最重視靜坐的是佐藤直方及其門流。岡田武彥在《山崎闇齋》一書中是這樣說的:

---

❷ 阿叔，即叔父。據《北史・河間王孝琬傳》載:「孝琬爲和士開祖珽所譖。帝怒，使武衛赫輔玄倒鞭撾之。孝琬呼阿叔。帝怒曰: 誰是爾叔。」

直方著有《靜坐集說》；柳川剛義著有《朱子靜坐說》，書前冠以直方寫的序。剛義在該書的跋文中說：後世儒者之所以變得博雅卑陋，是因為不懂得靜坐也。他把靜坐譬喻為船舵。這大概是頗得闇齋之意的吧！但是，最深刻把握闇齋靜坐之主旨的大概還是直方與師事於崎門三傑的跡部光海（名良賢，又稱良顯）。幕末尚齋派的儒者楠本端山，主要是基於光海的靜坐說而修得了深邃的體認之學。崎門的靜坐說與日本儒者的體認之學有深刻的關係。

尚齋想到了自盡，但在獄中卻找不到一件可以用來自盡的器物。有人告訴他，可以用圍欄杆的舊釘子，或者用被風吹到牢房小窗口的竹枝。入獄後的翌年正月末日，尚齋決意自殺，用釘子刺破手指，在牆壁上寫下血書，並委托獄吏的大監察轉達了自己死後的願望：「伏乞，臣死，葬忍之持田村專勝寺。」（《道學淵源錄》）又在次日寫下絕句，表達了絕食自盡的想法：「心追比干迹，效西山餓夫。□□□□□（此一句失之），後世有公論。」（《白雀續錄》）詩中的「比干」，是殷紂王的叔父。他因諫言而激怒紂王，結果被施極刑。他與箕子、微子一起被譽為殷之三賢。「西山餓夫」是指殷大臣伯夷、叔齊兄弟倆。周武王滅殷後，他們不食周粟，餓死西山（首陽山）。《道學淵源錄》在該詩後注曰：「此間失一句」，就是說，該詩並沒有被完整地流傳下來。

前面已說過，尚齋打算自盡時，突然在腦海裡浮現出古人絕無遭患難而自殺的道理。他想：若君主賜死，臣當然應去死；但若君主不賜死，則自然沒有自殺的道理（《道學淵源錄》）。

在斷絕了自殺的念頭以後，尚齋一方面做「兀坐」工夫，另

一方面則想保全自然之生命。存養的方法有靜坐和兀坐之分。靜坐是周子、程子、羅予章、李延平倡導的方法。在我國，山崎闇齋首先倡導靜坐說，到了佐藤直方及其門流，靜坐說受到了進一步的重視（岡田武彥〈闇齋學的精神〉，載《江戶期的儒學》）。所謂「兀坐」，是姿勢端正而坐的意思。但「兀坐」並非規規矩矩地正襟危坐，而是一種實踐工夫，是爲培養根本的主知工夫的道路。兀坐不僅是能夠立體（根本原理）達用（作用、現象）的實踐工夫，而且不與物對立，並能使萬物各歸其所。因此，作爲時代社會的對症療法，兀坐是最好的方法（岡田武彥〈儒教的存養論和現代〉，《斯文》第96號，昭和63年9月）。尚齋在獄中不僅寫下了《狼疐錄》、《默識錄》及其他名著，而且在政治、教育、經濟等方面爲後人留下了永久的貢獻，其根源不能不說是得益於「兀坐」的方法。關於這點下面還要論述。

第七章　格物致知論

　　猶如前述，尙齋最初向闇齋學習的是《大學》，而且其最早的著作也是《大學劄記》。僅就這兩點就能看出尙齋的學問思想是多麼深深地傾慕於「大學之敎」啊。關於尙齋向闇齋學習《大學》的情形，據《尙齋先生文集》（卷中）載，延寶七年十一月，即尙齋十八歲那年，他先聽闇齋講授朱子的《大學章句》，然後又聆聽了其師《大學或問》、《大學筆錄》的講座。他的大作《大學劄記》，是貞享三年（1686年）二十五歲那年爲奉養弟重一（直經）和母親從京都移居江戶時寫的。就在這年，他的二哥重清死於奉職的下總古河。當時他正住在戶田孫三郎光澄（美濃加納藩主的支家）的邸宅，並借了一間江戶市區的房子授徒講學。尙齋就是在骨肉死別，經濟窘迫，合家遷移，多災多難的情形下完成《大學劄記》的。

　　其師闇齋最重視《大學》八條目（「格物」、「致知」、「誠意」、「正心」、「修身」、「齊家」、「治國」、「平天下」）中的「修身」。在《文會筆錄》（三）中，闇齋以《中庸》爲例，闡明了「修身」的重要性：

　　　　惜陰錄第二云：《大學》功夫全在修身上。故曰：自天子以至於庶人壹是皆以修身爲本。《中庸》論凡爲天下國家有九經，亦以修身爲首。格物、致知、誠意、正心所以立

修身之體也，齊家、治國、平天下所以推修身之用也。

文中以「格物」、「致知」、「誠意」、「正心」四條目爲「所以立修身之體」，以「齊家」、「治國」、「平天下」爲「所以推修身之用」，由此也可看出，闇齋是把「修身」當作根本工夫的。那麼，爲什麼要把「修身」當作《大學》八條目之根本呢？那是爲了堅持儒教的「實」而消除佛教、老莊思想的「虛」。所以，闇齋既主張《易》的敬義內外說，又強調敬義內外卽於身的重要性。岡田武彥在其所著的《山崎闇齋》（《江戶的思想家們》上，1979 年研究社）中指出：

> 說道敬，若僅僅停留在專心覺醒的心法上，那也難免會有陷於佛老之虛的危險。所以闇齋卽使說敬，也是要揭明「敬身」、「修身」的，而在他自作的詩中，則乾脆揭櫫「道有明倫，敬身爲本」（《全集》下，《垂加草》）的話。他認爲，《學》、《庸》、《論》、《孟》皆以修身爲本（《文會筆錄》三）；《大學》的八條目，修身是根本；並且說這是「真正的平實」（同上）。從而對存養工夫陷於虛高之弊的問題發出了警告。

那麼，淺見絅齋重視《大學》八條目中的哪一項呢？絅齋強調的是「格物」工夫。寶永三年（絅齋五十四歲，尚齋四十五歲，卽被捕入獄的前一年），他寫了《劄錄》。該書序曰：

> 予平日應接答問之際，閒居讀書之間，所以感偶而發，所

以講説而得，所以省察而得，所以讀誦而得，有欲以隨時手記，備他日遺忘，而考其得失，驗其進否者甚多焉。

《劄錄》是其弟子們記錄其在寶永三年九月至十二月一段時間內的思想、學問或所論述的有關政治、經濟（經世濟民）等言論的總集。該書分上、下册。上册收錄了從九月二十六日初次會面到十一月五日的言論，由若林進居（強齋）、杉山直達、河合養庵等記錄；下册收錄了從十一月十日到十二月二十日的言論，由河合養庵、山科道安所錄。在《劄錄》上册裏，有關「格物」問題有如下記錄：

> 《大學》之道，如平生所云，乃聖人之教也，捨是則無事可言也。予自習《大學》之説，至今反復習熟，次第只縱橫十文字；解深淺高下之實，不過「格物」二字，亘古萬世，令學者注目。予近告誡遠方來人，成己之學，不取「則」而自見處頗多，則必有背自然，而無自己發明可言也。但「格物」二字若能兼顧，則「理」可究明也。……「格物」之「物」字最好。後世學者因不知此字，故陷於空論虛講之弊。都説己之言非想像臆測之見，但把握物却又不吟味物之真實，故皆為臆測之工夫也。只有仔細思索、發明，才能判斷出人之氣質的所得出。就拿眼前寫字來説，也需做閉目工夫，工夫愈深，愈能有好的書寫風格。什麼字帖好，什麼字帖不好，與其多想，不如實際動手拿筆寫寫。……
> 予反覆研究《大學》，覺得只是「為人」二字。反覆研

究，體得《大學》之全部，卽格物之吟味，除此之外，別
無他用。因不知此字，故《大學》不爲大名們所用也。…
…

從以上所引可知，絅齋非常強調「格物」在讀書以及政治、
兵法的分野中的必要性。而且他在《劄錄》下册裏，爲了不使儒
敎成爲無用的虛學，還認識到在現實社會中實踐仁愛的重要性，
從而提出了「格物之吟味」的問題：

> 凡爲政者，以德敎人者，皆爲能看到孩提童眞的學者。立
> 於上者有德，則立於下者亦自然被敎化。但對人之痛苦不
> 吟味，則對政治之善惡亦不會顧及。……因而旣要看到今
> 日之弊病，又要看到今日之進步，此乃所謂「格物」之吟
> 味也。反之，若只是哀嘆「古法」不能行之於世，且與今
> 儒一起吟唱歌謠，則對國家、對學問都是毫無益處的。

至於佐藤直方，則特別注重「修身」，他說：

> 《大學》有所謂「自天子至庶人壹是皆以修身爲本」的說
> 法，而修身則必以學爲要。所謂學，自古一貫而不分殊，
> 此乃聖賢所言之學也。至後世學之種類漸多，且以一家爲
> 主而成諸多流派，遂使務聖人之學者絕於世。程子和朱子
> 把不務於聖人之學者都叫作俗儒。現今之世，求祿爲官之
> 儒者十有七八爲俗儒也。（《學談雜錄》）

直方批評了今儒不以君臣之禮出仕而是爲貪圖祿利才出仕爲官的背禮失志之行爲，並告誡自己要引以爲鑒。他認爲，行「道」必注重《大學》「修身」之教，但也要注意「格物致知」。他是這樣論述格物與窮理、格物與致知之關係的：

> 窮理之學，出自《易》之說卦。窮理同於格物也。「有物有則」，物之上即理也。然只說窮理，就會趨向空虛。故《大學》言格物，又強調從有形之物而致之，這是十分貼切和正確的。格物和致知雖二而一之。八條目中雖有「致知在格物」之說，但無「先」字（其餘七條目皆有「先」字，如「欲誠其意者，先致其知」）。格物在於外，是理；致知在於內，是心。……至外物而窮理，而窮「心之知」，從而明明德也，此乃內外一貫也。（《敬說筆記》）

由此可見，直方雖以「格物」爲外，即心外之工夫，以「致知」爲內，即心內之工夫，但卻認爲內外是一致的。《敬說筆記》爲何時之演說、何人之筆錄，現已不得而知，但該書最後有「敬字是徹頭徹尾，自格物致知至治國平天下，皆不外此」一段話，可見這是一部以闇齋基於致知力行的居敬說爲宗旨的著作，雖然該書貫徹的是《大學》的八條目。

　　朱子作《大學集注》，有經傳之分；原傳無「致知」之條目，故朱子又作補傳。王陽明批判並取消了補傳。那麼尚齋對補傳問題是怎樣思考的呢？在尚齋的著作裏雖沒有點明《大學補闕略講義》一書的執筆者和寫作時間，但在該書的開頭有「直方先生曰」一語，現將有關內容抄錄如下：

直方先生曰：《大學》第五章無疑闕了致知格物傳。理由是，「此謂知之至也」一語一般認為是真正的結語，所以朱子是可以為最重要的一章寫補傳的。

元祿十二年十月十四日，尚齋發表了《大學傳五章》（筆錄者是稻葉迂齋，當時正師事尚齋）的演講。當時尚齋三十八歲，仕奉於忍藩主阿部正武，住在江戶忍藩邸和武藏國忍（今埼玉縣行田市）的某處。就在這一時期，他的《大學傳五章講義》受到了長住京都的絅齋的批判。在該書末尾記着：「右元祿十二己卯十月十四日御講習，正義謹錄」；又記有：「右錄得詳，今加批削，宜熟玩焉，淺見安正」。由此可見，居住在江戶和忍的尚齋，在其壯年時代，雖常求教於長住江戶的直方，但也向長住京都的絅齋請教，儘管京都距離江戶較遠。

尚齋認為朱子的補傳是正確的，並對「此謂知之至」一語提出了自己的看法，他說：

所謂「此謂」，意指無上事即無「此」事，而有「此謂」，則必言上事，所以結論是上有闕文。若讀經文可知，始述三綱領後記八條目，而致知章在《大學》中則具有非常重要的位置，故這段闕如是相當可惜的。而且若不從此開始，則對經文中「先致其知」之旨也就不能理解。不理解「先致其知」而想治《大學》，就如同不知先祖而作系譜一樣。然而有幸的是，經文中明確記有「致知格物」的文字，故至今尚無紛歧，使朱子得以作補傳也。

　　自尚齋作《大學傳五章講義》後八年卽寶永六年至寶永八年的約兩年內，他又在忍城獄中寫了《狼寏錄》，其中也能窺知他的「致知格物」論：

> 凡萬物有所識而照，而照理知之官也。故朱先生曰：所知覺者是理。理不離知覺，知覺不離理。知只是理之照，而心之條理區別者也。
>
> 理無形體，以氣為形體。……火照乎外，而昏於內；水昏乎外，而明於內；水火相交，而無所不照。……水動則物不照，心散則理不照，故居敬收心之功、照理之本。水雖不動，亦濁則不影；心雖不散，亦塞則不照；格物開其塞之功也。（卷三，〈雜說·格物致知論〉）

他把「心」與「理」的關係比喻為「水」與「火」的關係，所以「心」散便不能照「理」，正如「水」動便不能照「物」一樣。借用這種比喻法，尚齋對心理關係作了極為簡明的闡述。他還在文中比喻「格物」具有「開其塞」的作用。

> 或云：孟子曰萬物皆備於我矣。我之心備眾理，何就物於外，而窮其理哉？曰：內外合一，更無間隔，所以為萬物備於我也。萬物備我，故為就物於外而窮於理，卽是窮在我之理矣。遠而三代，近而今日，高而日月之運、星辰之度，卑而山川之文、草木之理，皆備於我矣。故推之其理可得，求之日至可能，非備於我，則如之何可得之哉。況物雖在於外，然所求之知在於內乎。

致知格物，開所備之衆理。誠意以下，致應萬事之實。水分上下，有流而止之二。知分是非，有知而不去之二（《易》所謂貞之正固）。夫婦分男女，有和而不流之二。十一月一陽復而天氣開，十二月而地氣開。天地交，萬物孕於此；夫婦交，而五倫生於此。（同上）

尚齋引用了《孟子・盡心章上》「萬物皆備於我矣」的話，認爲萬物之理（道理）皆備於己之心（本性），並根據「致知格物」論，認爲吾人所具備的衆理在心之內與心之外是能夠合一的。他還例舉並說明了水分上下、知分是非、由夫婦之交而生五倫之道等問題。

那麼尚齋爲什麼要強調「格物」呢？那是因爲他遵從程朱而推崇「先知後行說」。他在獄中著《狼戾錄》時曾寫道：

學之道無他，在致知力行之二而已。先後不亂，工夫不缺，則近道矣。或云：學之道，固有知行兩端，然程朱以先後言之，非聖人意也。知行合一，何以先後言之？雖知東，亦未往東去，則非真知東。……自程朱有先後之說。（卷三，〈知行問答〉）

認爲學問之道有「致知」和「力行」之分，並把程朱所主張的「先知後行說」以「往東」的例子來比喩之。尚齋還論述了格物是《大學》諸工夫的「劈頭」：

《大學》曰：致知在格物，格物是工夫劈頭。何謂格物，

視聽言動謂之物，孟子所謂蔽於物是也。……與誠意正心，如何分別，如吾子言，則正誠亦格物耳。

注重格物的尚齋甚至認爲鬼神來格也是格物的結果。正如筆者在〈祭祀來格說和神道批判〉一章所說的，尚齋在忍城獄中處於生命垂危之際，爲了求生而確立了「鬼神來格」的宗教救濟觀。所謂使鬼神來格的方法，猶如前述，包括致知格物和龜策卜筮二個方法，但尚齋認爲，通過致知格物之工夫而窮理，並據此而創設鬼神來格之道，這是具有普遍可能性的。我們已知道，《默識錄》是尚齋五十四歲（正德五年）到七十八歲約二十四年間語錄的摘編，其中有關《大學》的部分現摘錄如下：

(一)王氏以良知爲學之頭腦，程朱以格物爲學之始，以讀書爲格物之要。（卷二，〈爲學一〉）

(二)人之一身有五臟，有百骸，而心之爲物，屬五行之火，其官則能照應萬事。五臟百骸之理，天下萬物之理，皆能備於此矣。……蓋求心體之明，其要在卽物以窮其理而已。……聖人之教，先養之小學中而存其心，次之以大學。而其最初教，使學者必卽凡天下之物以窮其理，則天下之理莫不明，心體之明莫所不照，而修己治人之用無不周矣。然其理雖明，亦心與理不相會，則所明之理，不得爲己之有。是更有誠正修之功夫，其實誠正修亦只是收拾格物之功而已。（卷五，〈爲學・三〉）

第一段引文講的是王學與程朱之學在《大學》觀上的差異，

郎王學以「良知」爲學之頭腦（中樞），而程朱之學則以「格物」爲學之始。這是享保七年（尚齋六十一歲）時的觀點。

第二段引文與第一段引文一樣，強調在《大學》之教中「格物」工夫是最要緊的。文末有所謂「是更有誠正修之功夫，其實誠正修亦只是收拾格物之功而已」，可見誠（誠意）、正（正心）、修（修身）亦不過是使格物得以實現的工夫。這是享保十二年（尚齋六十六歲）時的觀點。該年尚齋除寫了《易經本義筆記》外，還寫了《大學續筆記》和《讀大學書說》。

(三)明天下之理，而照天下之理。學之道何以加之，存養是存養所知之理也，誠正修是守所知之理也，齊治平是推所知之理也。故《大學》之道，一言以蔽之曰格物。

(四)《大學》之教，其目雖有八，亦其要歸在格物之一。誠正修行其理於己也，齊治平施其於人也。學者之入《大學》而學齊治平，亦只是無事時，窮齊治平之理耳。小學之教亦然。校中豈有父母哉？未娶豈有夫婦哉？未仕豈有君臣哉？灑掃應待，直就事上學之，其他皆教其理耳。

(五)《大學》之教，因其已知之理，則本良知者，有似王氏矣。而彼以是爲準爲權度，吾則以是爲端爲牖戶。郎此欲以大開戶牖，孟子言擴充亦然。開之之功，在格物耳。

這三段引文是第二段引文所述問題的繼續。第三段引文說明了作爲《大學》之道的存養、誠正修、齊治平三類工夫，依次是「養所知之理」、「守所知之理」、「施所知之理」，進而達到明天下之理、以至照天下之理的方法。第四段引文認爲，八條目中的誠

意、正心、修身是「行其理於己」之工夫，而齊家、治國、平天
下則是「施其理於人」之工夫，就是說，從修身到誠意之工夫是
內在的，從齊家到平天下之工夫是外在的。第五段引文論述了尚
齋自己與王學之異同。雖《大學》之教「因其已知之理，則本良
知」，但王學把「良知」當作規準和權度，而尚齋則把「良知」
當作端緒和牖戶。這三段引文有個共通點，就是都認為「格物」
是《大學》之根本。所以第三段有「一言以蔽之曰格物」，第四
段有「其要歸在格物之一」，第五段有「在格物耳」等語。這在
下面的第六段引文中也能看到。

(六)萬理統體於吾心，而只是一理渾然。渾然一理，散在
於萬物，而物各有條理。其一理渾然者體，而只是有養
之之功而已。其散在有條理者用，而察之則明，窮之則精。
知之官則內能統體萬理，以外能運用散在者，統體一理者
知，向物於外，則條理始分矣。此可以見內外一而致知之
功在格物也。

這條引文是第五條引文的下一章「朱子解《中庸》曰……」
中所記的內容。

(七)格物窮理，是《大學》之始教，而讀書則格物之先務
也。蓋書是眾理之會也。……世之學者，徒知讀書之為
學，而不知有本領工夫。王氏之徒，抵排朱子之學，亦今
學之罪也耳。今之學者，以讀書為為學之入門，大失聖學
之本旨。

尚齋以「格物窮理」爲「《大學》之始敎」，而在「格物」中「讀書」又是首先必要的工夫。他批評世之學者雖知讀書之爲學，但卻不知讀書是學之入門，且具有朱子的本領工夫。尚齋的這種看法，在其十七年前（卽正德元年）所著的《爲學要說》中已可見端倪。在該書中，尚齋已就「窮理」問題發表了「此文字出自《易》，《大學》則以格物說窮理」的觀點。此外，關於「讀書」問題，他也發表了「讀書爲窮理之第一」的觀點。在《默識錄‧卷五‧爲學‧三》中，言及《大學》之敎的話還有很多。比如在下一段引文裏，也有關於「窮理」和「格物」的論述。這段文字雖作於享保十四年，但也有「理」和「物」、「體」和「用」關係的論述，提出了「卽物則理可見」的觀點：

> （八）理主於物，而有定體，有定用，故卽物則理可見。而謂之窮理，則虛而易差。是以朱子曰：《大學》不說窮理，只說個格物。氣質人欲拘蔽之人亦卽物，則其可明而無差。異學之徒，動曰良知，而主其拘蔽之知以爲天，不誤者鮮。

尚齋在文章中指責了異學之徒以「致知」之「知」解釋「良知」。他非難異學之徒「動曰良知，而主其拘蔽之知以爲天，不誤者鮮。」我們知道，尚齋是個始終不渝的純粹的儒敎徒，作爲程朱學統的繼承者，他不僅不能容忍神道、佛敎和老莊思想，甚至不能容忍王學、陸學等儒學異端。此處所謂的「異學之徒」，就是指的王門學者。

在尚齋弟子久米順利（訂齋）所記的尚齋言論筆記《尚齋先

生雜談錄》（上、下）中，還有尚齋以經濟爲「格物致知」之根
本的記載。下面引的話是元文四年十一月一日，七十八歲的尚齋
與久米訂齋的對話：「所謂經濟（經世濟民）之學，非外事也。
用格物致知之功而明其理，猶如能了解米價昇高一樣。」尚齋從
「格物致知」的立場出發，在其生命面臨垂危時雖求助於鬼神來格
的宗教觀，但到他去世前兩年的已暮之年卻又活用於經濟之學。
正如筆者在本書第一章中所述，尚齋出仕忍藩時，曾擔任日光東
照宮代役，負責監督增上寺清楊公廟的修建，是個優秀的務實
家。另外，他還向伊勢國長嶋藩主講授社倉法，主張設立社倉，
說明他在經濟、政治方面也是非常卓越的。從尚齋與訂齋的對話
可以看出，尚齋是怎樣把自己的學問思想活用於現實生活的。因
此，在《尚齋先生雜談錄》（下）十一月二日、三日所記內容中，
有連續言及格物致知與明理、至善、誠意、正心、修身之關係
的論述。其中十一月三日記載了他與順利（訂齋）的如下一段對
話：

　　順利云：格物致知，天理存於我也；誠意，存天理去人欲
　　也；正心修身，窮天理盡人情也。先生曰：然。云至善，
　　以格致而明天理，以誠意而守天理，以正修而嚴整不窘，
　　從而達至善也。

接着尚齋又敎誨順利曰：「知過多而少守，則偏而知不我知也。
爾等知強，故所敎僅外之物也。此應多加注意也。」所謂「知過
多而少守」，是指雖「致知」而明「天理」，但若不以「誠意」守
之，則爲偏。有關「守」之敎誨，我們從前面所舉的《默識錄》

第八章 智藏說

　　所謂「智藏」，是來源於《易經・繫辭上》中「神以知來，知以藏往」（由神妙之動而預知未來，由睿知而藏過去之事）的一個概念。《書經》（〈召誥篇〉)中也有所謂「智藏瘝生」（智者隱退而無才無德之愚者則在於位）說，不過本章所要論述的「知藏說」與此無關。尚齋研究了朱子和闇齋的智藏說，著有《智藏說》、《知藏論筆劄》二書。《知藏論筆劄》的寫作年代不詳，《智藏說》是享保十四年尚齋六十八歲時的作品。當時正是尚齋最順利的時期。雖說他已進入暮年，但仍寫了《論孟子養氣之論發前聖所未發》、《父母存不許反以死說考》、《讀近思錄筆記》等論著。此前的享保十三年，他的三女留米嫁給了門弟久米訂齋（順利），這正是他完成《小學筆記》的那年。翌年（享保十五年），是河內守正任根據尚齋的意見修建社倉，以作救濟饑民之用的那年。《智藏說》雖是在如此充實的人生中完成的，但有關「智藏」的思想卻在其二十二年前囚禁於忍城監獄時所寫的血書《狼疐錄》以及七年前即享保七年所作的《大學補傳筆記》中就已初露端倪了。關於尚齋的智藏說，暫且放到後面再說，讓我們先來看看朱子的智藏說以及朱子以前的智藏說。

(一)朱子的智藏說

　　王陽明以「心之靈明」即「致知」爲學問根本，而朱子則以

「格物」爲學問根本。在朱子看來，致知若不以格物窮理爲根本便不能識體達用，而知若被窮盡則天下諸事自然能解明。朱子認爲，「致知」之「知」卽「理之心」。對此，岡田武彥在〈朱子和智藏〉（載《中國思想的理想和現實》）一文中有如下論述：

> 蓋朱子之理，如衆所周知，乃所當然之則也、所以然之故也；而知乃理之心也，知由心之神明而具衆理、應萬事。若明朱子之知有這些特色，則自然明此知與佛老之知乃形似而實異也。

不過，朱子論智藏說，乃近晚年之事，是其思想進入圓熟大成時的見解。朱子的智藏說最早記載在他六十五歲時所作的《玉山講義》中。關於智藏的特質，在朱子針對其門人陳器之對《玉山講義》提出的質疑所作的答書中，或者說在《朱子文集》和《朱子語類》中，都能窺見到：「智則無事可爲，但分別其爲是爲非爾，是以謂之藏也。」（《朱子文集・卷五十八・玉山講義・答陳器之》）這雖是一則回答陳器之的話，但卻非常簡明地說明了何謂「智」、何謂「藏」的問題。

> 智主含藏分別，有知覺而無運用，冬之象也。（《朱子文集・卷四十五・答廖子晦書》）
> 若將仁義禮智說，則春仁也，夏禮也，秋義也，冬智也。仁禮是敷施出來底，義是肅殺果斷底，智便是收藏底。（《朱子語類》卷六）

在這兩段引文裏，朱子把仁義禮智四德類比爲春夏秋冬四季，並使智對應於冬。這種觀點來源於《易經》的循環之理，即陰陽動靜的循環之理。因此，智藏說的由來可溯源到《易經》，這只要讀一下《易經》的乾卦就能清楚了。朱子釋乾卦「元亨利貞」曰：「元，大也；亨，通也；利，宜也；貞，正而固也。」（《易經本義》）而且朱子認爲，《易經》文言傳把「元亨利貞」視爲乾之四德（即天之四德），又把這四德與人間的仁義禮智四德相對應，所以人之四德的四端即惻隱、辭讓（恭敬）、羞惡、是非之心（即孟子的四端說），如同《易經》「元亨利貞」之四德，隨陰陽動靜而循環消長一樣，是不斷變化的。他還說，仁義禮智四德中，「智」是「伏藏淵深底道理」（《朱子語類》卷三十二），認爲對這個問題，孟子早已作過闡述。朱子又認爲，「智」具有包藏、終始之意，「仁義禮智」四德存有「溫和宣揚、發揚慘烈、剛斷收斂」的氣象。他從春生、夏長、秋收、冬藏之規律中看出，「理」是有生意的，故把「理」當作自然人生的根本實在，並認爲，如同春夏秋冬有消長，萬物因四季之生意而不斷變化一樣，仁義禮智也因理之生意而周而復始變化着。在他看來，在生意之消長的過程中，仁是生意之生，禮是生意之長，義是生意之成，智是生意之藏（《朱子文集·卷三十八·答袁機中書》；《朱子語類》卷六）。由此可見，「智藏」的思想發端於中國古代的《易經》和《孟子》時代，而完成於朱子時代。

　　岡田武彥博士在其所著的《中國思想的理想和現實》一書中，曾對《易經》、《孟子》、《禮記》以及《管子》等智藏說及其對應的多藏說作過考察，指出：

《禮記》亦討論了智藏對應於冬藏的問題，使智之藏意更加明瞭。《管子・形執》篇雖有「春夏生長，秋冬收藏」之說，但《禮記・喪服四制》篇則以仁對應春夏，以義對應秋冬，又在〈鄉飲酒〉篇中把春夏秋冬與東南西北相對應，並基於萬物生成之立場論述春夏秋冬之氣象，從而使之與聖仁義藏之德相對應。同樣，《樂記》也有「春作夏長仁也，秋斂冬藏義也」之說。

朱子認爲，「智」乃包藏仁義禮三德之德，而「仁」則是包藏禮義智三德之德。據《朱子語類》卷五十三載：「仁禮義都藏在智裏面。如元亨利貞，貞是智，貞卻藏元亨利意志在裏面。如春夏秋多，多是智，多卻藏春生、夏長、秋成意思在裏面。」

朱子認爲，仁義禮智不僅是人之本性所備之德，而且是「天理」，是形而上之實在。在仁義禮智四德中，仁是最高之德，它包藏義禮智三德。不過朱子又說，「智」也與仁一樣，是緊要之德，如果說仁是四德之首，那麼智即四德之尾，首尾都很重要。他還根據《易經》的循環之理指出：「貞如板築之有幹，不貞則無以爲元。」（《朱子語類》卷六）他以「智」爲終成之德，以「智」爲生意始發之根柢，並且指出：「若無終則何得有始？」同時，他以《易經》復卦象傳的「復其見天地之心乎」爲根據，提倡在靜中（陰）修養陽（動）之兆候，卽修養「一陽來復」之微的工夫（《朱子語類》卷五十二）。

就是說，在朱子看來，所有的活動都把無限的「動」包藏在至靜至寂之中，因此，所有的活動只有通過「靜」的工夫才能發揮其眞面目。從而使「靜坐」之涵養成爲必須，使心之收斂變得

愈加眞切和透徹。因而首先是「智」深，智深而後「包藏」廣大，最後自然能悟「所以然之故」也。

　　另外，朱子又認爲，知至而達深智，並不能使事事物物迎刄而解，故他仍重視致知，而且仍以格物爲要，以爲積格物之功則豁然而貫通❶。

(二)闇齋及其門流的智藏説

　　朱子的智藏説，僅僅在其門人蔡西山的〈洪範〉、〈皇極內篇〉和眞西山的《讀書記》(卷四)中被涉及或討論過，而元、明、清各時代的朱子學者乃至朝鮮、日本的朱子學者幾乎都沒有觸及這個問題。在日本，最早提出朱子智藏説的是山崎闇齋(岡田武彥《山崎闇齋》)。闇齋在其所寫的《近思錄序》裏說：「仁愛之有味，智藏之無迹，先生（朱子）丁寧開示之。」師事過闇齋的會津藩主保科正之曾說過：「智藏而無迹，識之而後可以語道體，可以論鬼神。」(〈土津靈神碑〉)闇齋非常贊賞這一觀點：「嗚呼，可謂說約矣! 知此要約者，朱門之蔡季通（西山）、仲默（蔡九峰）、眞希元（西山），之後未有斯人也。」不過，保科正之的智藏説來源於山崎闇齋，故而並未達到其師以上的境界。闇齋曾爲正之編集的朱子《玉山講義》作附錄，其中前半部分是從《朱子文集》和《朱子語類》等中抄錄的有關智藏的論述，以期使朱子的智藏説通行於世。因此，據此我們說闇齋大量繼承了朱子的智藏説是不過分的。

　　闇齋主要從三個方面論述了朱子的思想。

---

❶　岡田武彥〈朱子和智藏〉（載《中國思想的理想和現實》）

第一，未發之愛謂之仁：闇齋認爲，不能很好地理解未發之愛卽仁的問題，就不可能理解朱子的〈仁說圖〉。朱子的〈仁說圖〉首尾皆有「愛」字，但闇齋認爲，前面的「愛」字是「未發之愛」，而後面的「愛」字則是「已發之愛」。諸儒只知愛是已發，而不知未發之愛卽仁，就連朝鮮的李退溪也未論及未發之愛卽仁的問題。

第二，非常理解朱子「智藏之無迹」的觀點。

第三，非常推崇朱子「仁智相交而萬物生成」❷（《朱子語類》卷六）的觀點：認爲朱子此說除蔡九峰和眞西山外和誰都沒有說過。

因對朱子「仁智相交而萬物生成」一說推崇備致，故闇齋還作了首「題庚戌詩」：「仁智交際間，萬物同出自。雖孔朱復生，不過啓此秘。」朱子的智藏說不僅因闇齋而流行於世，更且由闇齋門人三宅尚齋而繼承發揚之。關於這個問題，岡田武彥在其《楠本端山》一書中有如下論述：

> 闇齋不僅提出了朱子的智藏說並使之行於世，而且還將朱子的智藏說傳授給了門人。而繼承了朱子智藏說的則是三宅尚齋。尚齋著有《智藏說》一書，這便是明證。書中指出：智藏是道體，仁智同體而兼容四德。並且提出了「知，理之生也，則理之姿卽知」的知理一體論。

被譽爲闇齋三弟子的淺見絅齋、佐藤直方、三宅尚齋，繼其

---

❷　仁智交際之間，乃萬化之機軸，此理循環不窮，脗合無間。

師之後，雖都論及、解釋了智藏說，但只有尚齋對智藏說作了最
積極的闡發。他在六十八歲時（享保十四年）寫了《智藏說》，
這在前面已說過了。

(三)尚齋的智藏說

所謂「智藏」，猶如前述，來源於《易經・繫辭上傳》的「藏
往知來」說。關於對「藏往知來」一語的理解，《狼疐錄》裏有
記載。那麼對《易經》中的「藏往知來」說應作怎樣理解呢？尚
齋說：

> 藏往知來，精神之妙也。昨日事，元根於理而生，其事已
> 過而其理則不滅，以不滅之理求昨日事，則循理而生。往
> 事洋洋彷彿於我神上，是藏往非往事藏，其理不滅也。所
> 謂具眾理，所謂妙眾理，是也。雖事未來，亦一氣貫通。
> 理則定，以已定之理推之，則將來吉凶循理而著見於我神
> 上。此亦所謂應萬事，所謂裁眾理也。天神亦如此，去歲
> 春，梅生花，是元根於理而生。雖春過花落，亦其理則不
> 滅。而今年陽氣發，則復生花，是天神之藏往，所謂萬象
> 森然具者也。雖後事未來，亦一氣貫通。理已定，則來日
> 千變萬化，今日明於天神可知矣。（《狼疐錄・卷一・祭
> 祀卜筮詳說》）

就是說，天地萬物根源於理，萬物千變萬化，乃萬物之根源的理
不滅也。尚齋以草木之花為例，去年的草木之花本於「理」而開，
「理」不滅，「天神」藏理，故翌年陽氣發生之際，花又開放。

因此，只要了解了內藏於天神的不滅之理，就能明白包藏於將來
後事中的已定之理。由於天神按此理而往來，所以能知將來的千
變萬化之事。尚齋就是這樣來說明「藏往知來」的。他給「藏往
知來」下的定義是：所謂「藏往」，即理不滅，神由理而來；所
謂「知來」，即理已定，神由理而往。（《狼疐錄・卷一・祭祀
卜筮詳說》）

　　尚齋的智藏說，不僅表現在他四十七歲血書的《狼疐錄》
裏，而且也表現在他六十一歲（享保七年）時所著的《大學補傳
筆記》裏。在該書中，尚齋首次提出了「格物致知工夫」乃《大
學》八條目之首，即學問之下手處的思想，認為格物之「格」與
窮理之「窮」一樣，是同等重要的工夫。然後他又以火和水為
例，論證了智藏關係：

　　　　例如，火有熱的作用，水有冷的作用。而當推察心智之根
　　　本時，方知人乃以陰陽二氣為根本也。其中陽是外明內
　　　暗，陰是內明外暗。若把陰比喻為水，即謂之智藏，並對
　　　應於冬。水乃內明而映物，人心猶如水，物映於人心，故
　　　云智兼含良知。

　　尚齋論學有一顯著特點，就是為易於理解和論證，常常舉一
些身近的事例為證。比如在《狼疐錄》裏，用草木花開的實例說
明「智藏」；在《大學補傳筆記》裏，用水火的性質作實例說明
「知藏」。

　　雖然我們能從《狼疐錄》、《大學補傳筆記》中充分了解尚
齋的智藏說，但他另一部著作《默識錄》則能為我們提供更深入

理解智藏説的機會。該書是尚齋六十八歲時的作品，其中也記載了有關「藏往知來」的話：

《大學》明明德章句曰：本體之明未嘗息云云。或問曰：恍惚之間一有覺焉，則卽此介然之頃，而其本體已洞然云云。此朱子晚年義精仁熟之言。此是學問下手本領處，不如此則全無由於下手。王氏不知於此，故其學差了。然今學程朱者，忽忽看過了。其常談格物，皆由之而不知者也。本體未息，熟為疑之。日用間發見呈露者不一，此其驗也。有未嘗息者，故介然之頃，本體已洞然。有本體洞然者，故雖昏蔽之極，亦可以格物而致其知也。其有容於內也，其本體之明，有能為藏往知來之妙，則雖昏蔽者，亦可以得積累終貫通矣。知未明則何以察天理人欲者，此第二著處。今學者以第二著處辨王氏，故渠不服。（卷五，〈為學・三〉）

文中所謂：「有未嘗息者，故介然之頃，本體已洞然。有本體洞然者，故雖昏蔽之極，亦可以格物而致其知也。其有容於內也，其本體之明，有能藏往知來之妙……」其中「介然」是短時間之意，「本體」是理之意。在文末著者還注曰：「本體之明」意指「卽是知」；「昏蔽」意指「氣質人欲」。作者認為，縱然昏蔽之人，若「有能藏往知來之妙」，亦可以「得積累終貫通」。在《默識錄》裏，還記有「提介然之覺，以為知來之用，則藏往於本體洞然之中」的話，故在尚齋看來，若能由介然之覺而卽物窮理，則本體之「理」洞然可見矣。（卷五，〈為學・三〉）

尚齋在「知」的問題上，是本之於朱子「知，心之神明也」的立場的。他把心比作火，知比作水，認爲天地由水火構成。並且根據《孟子‧告子上》的「心之官則思」的命題，賦與「知」以思、知、意、慮之精神功能。他在《默識錄》中又指出：

> 是非之心是智之端。而以虛靈知覺爲心，則似知心之德者
> 何也。孟子曰：心之官則思。思、知、意、慮皆是知也。
> 朱子曰：知，心之神明。蓋心則火，而內暗者是水，水是
> 知也。天地又是水火二物。心是人身之主，而心亦只是水
> 火二物。故知之專心是其理也。朱子曰：知亦包四者，亦
> 言此。（卷一，〈道體‧一〉）

尚齋認爲，「知」運用「理」，「萬物之理」備於「一心」；就是說，「理」雖散在於萬物，但「心」使之湊合之（卷三，〈爲學‧一〉）。

尚齋學派的楠本端山（見後述）主張知理一體，認爲知是理之妙用。筆者推定，這些思想是受到尚齋影響的。正因爲尚齋基於理爲內在之理，知至而後行的立場，所以就「知」、「行」關係而言，他主張「知」是第一位的。尚齋針對陽明之徒「萬物之理皆備於我」的主張，而認爲能克人欲則天理自明。他還批判並否定程朱之徒使格物之訓求之於外的做法，並以人的聲音爲例針鋒相對地指出：

> 致之不至，何由以能行之。或云：如此也，知重而行却輕，
> 與所謂非知之難，而行是難者相反。余云：非知之至，則
> 不能行之，所以爲行之重而難矣。（《默識錄‧卷三‧爲

學‧一》）

王氏之徒謂，萬物備於我矣。但為人欲所蔽，故不發見耳。
能克人欲，則天理自明。程朱格物之訓，則是求於外而散
漫。是不然。人之聲言，生於肺而發於口。五音分別，人
我通其情，是人之聲音本如此矣。而啞是必聾。自外入於
內，而後我音亦為條理。聾，外音不入，故我音無條理。
達此理，則王學之謬可知矣。（卷四，〈為學‧二〉）

　　尚齋的《智藏說》作於享保十四年。該書以《禮記》（〈月
令〉）文開頭：「月令曰：立冬之月，天氣上騰，地氣下降，天地
不通，閉塞而成冬。」然後由《禮記》（〈樂記〉篇）、鄭玄《中
庸注》、《禮記》（〈禮運〉篇疏）、《易經》（〈繫辭上傳〉），
《程氏遺書》、張子《正蒙》、《易說》、《朱子語類》、《朱
子文集》、山崎闇齋《近思錄序》，以及佐藤直方和淺見絅齋有關
智藏的語錄，共二十三條組成。其中有尚齋針對張子《正蒙》、
《易說》而發表的自己的按語：

張子曰：天下之理得元也，會而通亨也，說諸心利也，一
天下之動貞也。（《正蒙》）
重固按：天下之動，貞天一者也，本義❸與張先生之說不
同。
又曰：仁統天下之善，禮嘉天下之會，義公天下之利，信
一天下之動。（《正蒙》）

❸　朱子《易經本義》。

重固按：孟子曰，知而不去。周子曰，守曰信。蓋不去者
信之守也，亦可以見信智相通之意思矣。

又曰：神以知來，知以藏往，非神不能顯諸仁，非知不知
藏諸用。

重固按：藏往知來，所以明精神之妙也。顯仁藏用，所以
發性情體用之德也。

《智藏說》的最後，是淺見絅齋有關智藏的言論。尚齋以《朱
子語類》（卷九十六）的「問：伊川言『靜中須有物，始得。』
此物云何？曰：『太極』」，一段對話為論題的出發點，針對朱
子所謂的靜中有物，此物謂之太極的說法，尚齋以絅齋的言論為
例，認為這就是「智藏」。最後他又例舉了絅齋關於明德即知，
具眾理而應萬事才是知的觀點，並以「舜之上知亦是道理之光耀
者即是太極」作為對絅齋智藏說的總結。

在尚齋看來，明德即智，智則具眾理而應萬事，而作為萬物
之根源的「太極」就是「智藏」。

尚齋另有一本有關於智藏說的書《知藏論筆劄》。該書雖成
書年代不詳，但例舉的均是淺見絅齋和佐藤直方有關智藏的見解。
全書分為兩大部分：前半部分是絅齋的見解，後半部分是直方的
見解。

在淺見絅齋部分中，絅齋以《朱子語類》（卷五）為據，認
為知覺之所以然即理，理與知覺不可分離。並叙述說：「本來之
知猶如明鏡心照。本來之智謂之理和知覺，兩者不可分離。本來
之智是徹底吟味智藏之智。」絅齋還認為，智是仁、禮、義、
智四德中最高的德目。即使言仁，若無觸動和轟擊亦不應謂之

仁。智和仁都兼有仁、義、禮、智四德，故謂之仁智一體也。綱齋所謂的「心照」，從一個方面說明了「知覺」不僅是思辯的、觀念的過程，而且還是體認的、心動的過程。這從尚齋《智藏說》所輯錄的《朱子語類》（卷五）中也能找到證據。這是因為尚齋視朱子的知覺為理氣之合。從體到用的過程，而綱齋也受到了這種看法的影響。

在佐藤直方部分中，以直方所謂的「四德猶如四季，由冬到春，變化不已」為開頭，然後記錄了直方對張橫渠的「虛靜仁之靜源」說的讚譽之辭，並且以《朱子語類》的仁智合一論為根據，闡述了尚齋自己的「理之生即智，理之姿謂智，兩者合一」的觀點。最後尚齋認為，所謂聖人之大智，乃理之光照，故能得太極（本體）也。

其實在《智藏說》的佐藤直方部分，尚齋也記述過「佐藤先生曰：橫渠所謂虛靜仁之原，此語極有意志。冬始萬物，人能真知時自無私欲」的話，這是尚齋最早有關橫渠「虛靜仁之源」說，並以冬天為萬物活動之始的記錄。可見，尚齋在《知藏論筆劄》與《智藏說》中所記錄的直方有關智藏的論說在內容上是共通的。

《智藏說》與《知藏論筆劄》的主要差異是，前者揭載了中國古代《禮記》（〈月令〉）和近世張載、朱熹的作品以及我國學者闇齋、綱齋、直方的語錄，而後者僅揭載了綱齋和直方的語錄。縱然所揭分量不同，但在我看來，尚齋關於智藏的思想在兩書中的表現則是一致的。其中《知藏論筆劄》的成書年代不清楚，這不能不說是件遺憾的事情。

不過，在《智藏說》中綱齋、直方都被尊稱為「綱齋先

生」、「直方先生」，而在《知藏論筆劄》中則直呼「淺見氏」、「直方」。這樣的例子在《默識錄》和《尚齋先生雜談錄》中也能見到。根據這些作品的年代推測，尚齋到了晚年絕少使用「先生」的稱呼，因此，我以爲《知藏論筆劄》是比《智藏說》晚出的著作。

尚齋的智藏說後由久米訂齋所繼承，並隨着時代的變遷而被尚齋的各地門流所發展，其中無疑數楠本端山的智藏說最爲突出。關於端山的智藏說筆者將另文專論。

第九章　大義名分論㈠

(一)湯武放伐論

　　尚齋的恩師山崎闇齋注重「義」，當然他對最高之德是「仁」
的看法也是一清二楚的。闇齋強調「義」，因而不僅視「仁」為
自然之性情，而且視作是實踐「君臣之義」的必要的切至工夫，
如果沒有這種切至工夫，那麼「義」就不可能具備「仁」的精神。
闇齋論述「君臣之大義」的著作有〈拘幽操〉、〈湯武革命論〉、
〈魯齋考〉等。他在〈湯武革命論〉(《文會筆錄》卷四)中對
殷之湯王、周之武王的放伐以及歷代的革命作過以下評述：

　　　　嘉嘗論曰：《易》曰湯武革命，順乎天應乎人❶，而《論
　　　語》獨謂武未盡善❷。而集註合湯言之者何耶？夫湯曰放
　　　焉，武曰伐焉。革命之權雖同，而放之與伐則異矣。此所
　　　以獨謂武歟。孟子答齊宣王問湯武放伐❸，曰：誅紂而不
　　　及桀，蓋亦此之由也。然伊尹之放太甲也，權而盡善者也。
　　　湯放桀而得天下，則雖有放伐之異，而遂與武王同矣。此
　　　所以合湯言之。夏曰后氏，殷曰周人，會謂此也。晉之稽

---

❶　《易經》(〈革卦象傳〉)。
❷　《論語》(〈八佾篇〉)。
❸　齊宣王，《孟子》(〈梁惠王上〉篇)。

中散❹，非湯武得國，宋之李易安❺詩，歎中散之薄殷周
也。石曼卿❻詠伯夷言：恥居湯武干戈地，來死唐虞揖讓
墟。程子嘗謂湯武之別，而又稱曼卿詩；朱子嘗謂湯武之
別，而又稱曼卿詩；朱子嘗論湯武優劣，而又稱易安詩；
則亦可以見其抑揚之微意矣。又曰周雖舊邦，其命維新❼而
服事殷，此文王之至德，天地之大經也。湯武革命，順天
應人，是古今之大權也。三代之後，漢唐宋明稱之盛也。
然溥天王土，率土王臣❽，則漢高❾非秦民乎，唐高❿非
隋臣哉，宋祖明祖⓫不周元之臣民哉。孔子謂武未盡善，
亦殷之臣也。

　　闇齋引用《論語》（〈八佾篇〉）所謂的「謂武盡美矣，未
盡善也」一語，非難周武王討伐殷紂王的行為，認為《易經》
（〈革卦象傳〉）中所謂的殷湯王和周武王放伐夏和殷的革命活
動縱然有「放」和「伐」的區別，但都是不能被允許的。同樣，
漢高祖是秦之臣，唐高祖是隋之臣，宋、明之開祖也都是周（五代
周）、元之臣，而在闇齋看來，臣下滅君主是絕對不能被允許的。
這是因為，基於神儒一體的立場，闇齋認為日本的國體是萬世一
系的，在他的頭腦裏甚至以為這種國體會連綿承續、經久不衰。

---

❹　魏稽康，竹林七賢之一，仕致中散大夫。
❺　北宋李清照，易安居士，號漱玉，父李格非。
❻　石曼卿，即北宋石延年，字曼卿。
❼　《詩經》（〈大雅・文王〉）。
❽　《詩經》（〈小雅・北山〉）。
❾　漢高，即漢之高祖劉邦，即位前稱沛公。
❿　唐高，即唐之高祖李淵。
⓫　宋祖明祖，即宋太祖趙匡胤和明太祖朱元璋。

　　此外，闇齋在文中所謂「革命之權雖同，而放之與伐則異矣」;「此文王之至德，天地之大經也」;「古今之大權也」的有關論述，涉及到一個「經」和「權」的問題。關於這個問題，我想結合其弟子佐藤直方和三宅尚齋的思想作一考察，從而說明闇齋的「湯武革命否定論」對其門下究竟有何影響。

　　絅齋繼承了其師闇齋否定湯武革命卽湯武放伐的立場。他對內宣傳正名思想，強調臣子之名分，對外堅持華夷之辨，致力論證之嚴密。他認爲，遵守「君臣之義」的「忠」是絕對的，違背「君臣之義」的行爲是不能饒恕的。因此，他對湯武放伐是持絕對否定態度的。比如在他四十歲所著的《拘幽操附錄》中有這樣一段論述:「嗚呼! 自放伐之事一行，而千萬世無窮之下，凡亂臣賊子，弒君竊國者，未嘗不以湯武爲口實，而忠臣義士、就義致命者，又未嘗不以夷華而自處也。」在絅齋看來，凡弒君奪權的亂臣賊子都以湯王、武王爲榜樣，因而放伐是必須絕對禁止的。《拘幽操附錄》的所謂「拘幽操」，乃周文王（西伯、昌)被殷紂王囚禁在羑里時所作的八言六句之古代歌謠。受到崎門學派尊重的有唐代韓愈（字退之）的題爲〈文王羑里作〉的十句四十七字詩:「目窅窅兮，其凝其盲;耳肅肅兮，聰不聞聲。朝不日出兮，夜不見月與星;有知無知兮，爲死爲生。嗚呼，臣罪當誅兮，天王聖明! 」前八句描繪了文王被紂王監禁在不見日月星辰之光的羑里牢獄的狀況，後八句說的是文王對君主紂王無絲毫怨言的至誠盡忠之心。

　　〈拘幽操〉對以闇齋爲首，絅齋、直方和尚齋爲次的崎門學派有較大影響，闇齋編《拘幽操》，直方著《拘幽操辨》，尚齋則寫了《拘幽操筆記》。另據若林強齋的筆錄，淺見絅齋也著有

《拘幽操師說》。

尚齋在《拘幽操筆記》中，例舉並說明了韓愈〈文王羑里作〉的第九句詩「嗚呼，臣罪當誅兮」：

> 文王在漆黑的獄中發出的這一哀嘆，實際上是肯定紂王的重要地位。儘管如此，紂王不加區別地濫捕亂殺，則是十分惡劣的。若是其他人，是定會對紂王產生怨恨之心的。
>
> ……

可見，文王是眞正傑出的聖人。作者在讚揚文王是聖人的同時，還痛斥了紂王的無道，並認爲對這樣無道的君主，換了其他人是一定會產生怨恨的。尚齋並不像其師兄絅齋那樣，以爲臣下對君主不論怎樣都應絕對服從。因爲在絅齋看來，「湯武殺主逆賊，非聖人也」（《拘幽操師說》），對湯武放伐卽湯武革命持堅決否定態度。尚齋的《拘幽操筆記》是其二十八歲卽元祿二年時的著作，這正是他滯留江戶，仕事忍藩主阿部正武的前一年。

(二)經和權

「經」具有縱係、經由、筋道、恒久不變等含意，常以經過、經典、經常、經濟、經營等熟語的形式使用。而「經」的最直接意義則是筋道（法則）和恒久不變之道。若將這兩個意思合而爲一，卽爲「恒久不變的法則」之意。稱四書、五經等是「經典」，就是因爲這些著作皆爲「記載著永久不變之眞理的書」。相對於「經」的概念卽「權」。「權」之概念與「經」正好相反。但是，就「權」之概念而言，並不僅僅與「經」相對，「權」還具

有導致善的結果的作用。關於「權」,中國古代的《論語》、《春秋公羊傳》及《易經》(〈繫辭傳下〉)等著作中都有記載:

> 子曰:可與共學,未可與適道;可與適道,未可與立;可與立,未可與權。(《論語‧子罕》)
> 權者何,權者反於經,然後有善者也。(《春秋公羊傳》)
> 并以辨義,巽以行權。(《易經‧繫辭傳下》)

《論語》(〈子罕篇〉)所謂的「權」,乃「應時而適道」之意。而《易經》所謂的「權」,晉代韓康伯注解為「反權而合道」,故與《公羊傳》的意思相近。另外,在《孟子》(〈離婁篇上〉)中,孟子與淳于髡有段對話,從中也能窺見到「權」的觀念。淳于髡問孟子曰:「嫂溺,則援之以手乎?」孟子答曰:「嫂溺不援,是豺狼也。男女授受不親,禮也;嫂溺援之以手者,權也。」

到了程朱之學,程子對「權」作了全面的否定。朱子解《論語》(〈子罕篇〉)的「權」之概念,引用了程子的話:「漢儒以反經合道為權,故有權變權術之論,皆非也。權只經也。自漢以下,無人識權字。」(《論語集注》)認為此話言之有理。不過,朱子又認為:「然以孟子嫂溺援之以手之義推之,則權與經亦當有辨。」(同上)明確提出了「經」與「權」的區別。就是說,在「經」與「權」的問題上,朱子的立場與程子不同,在朱子看來,「非聖賢則不能用權」,「用權極難,雖聖人亦不常啟於口」。

山崎闇齋認為,湯武革命是順天應人的行動,他還基於以孟子之經權為一理的立場,認為湯武並不悖於義。在闇齋看來,在天命新而殷朝滅之際,周文王從殷盡忠的行動,反映了文王的至

德精神。他認為，「經」是萬世之常，即天下萬世之法，而「權」則是一時之用，因而聖人以外者不能用「權」(《闕異》)。

進而闇齋又以朱子之說為據，認為不具有伊尹之志、泰伯之心的人，即那些非聖人者，若用「權」，則為「無君者」、「無父者」，這些人皆為《春秋》所誅者、孟子必闢者也 (《闕異》)。因而，從這一立場出發，闇齋在〈湯武革命論〉(《文會筆錄》卷四) 中又是堅決否定湯武放伐的。對於闇齋在〈湯武革命論〉上的矛盾，佐藤直方指出：「經」是「常道」，「權」是「應變之道」；大賢以上者能用「權」。故直方批評湯武放伐否定論者說：

> 關於經權問題，學者議論紛紛……。經是常道，即鐵定當然之道理，乃學者準則之所在也。權則應變之道也。故大賢以上者能用權，而學者則不能矣。湯武討伐君主，孔子、孟子、程子、朱子所論不盡一致。……奉神道者視堯舜禪讓為正統崩潰之行為，議論紛紛，猶如盲人不見物而亂發議論也。……堯舜之時理應禪讓，湯武之時理應放伐。(《湯武論》)

尚齋認為，「經」和「權」猶如冰(水)炭(火)之不相容，兩者的區別是顯而易見的，儘管這種區別的程度並不大。他還例舉了《孟子》(〈滕文公〉)中有關如何選擇常 (常道) 和變 (隨機應變的行動) 的各種實例，認為「未見是權而不權也」(《默識錄・卷一・道體・一》)。而在他看來，湯武之放伐乃常道也。他以程子的「權即經也」、朱子的「經與權不可無別也」為據，認為「蓋天地間只一理而已，無二道矣」，從而把「經」與「權」合而為

一，並稱之爲「平常之理」(《默識錄》，同上)。

尙齋還遵照直方的「經常道也」，「權應變之道也」等有關論述，提出了「經是常道，權是變道」的主張，明確認爲，「權」之概念在《易經》(〈繫辭傳下〉)、《中庸》等古典裏以「時中」的形式出現，因此是自古就被使用的概念 (《默識錄・卷一・道體・一》)。

尙齋視「權」爲「變動」之道，而注重作爲常道的「經」，並認爲「權」有「大」、「小」之分，「大」者，「聖人之大用」也 (同上，〈道體・二〉)。

不論是堯舜之禪讓，還是湯武之放伐，在尙齋看來都是符合「變道」的行爲，因而是應當加以肯定的。他視禪讓爲安天下的行爲，視放伐爲安萬民的行爲，而且認爲「變道」是順天之道，就是說，「變者」「天」之本性也 (同上，〈爲學・三〉)。放伐乃基於天命，應天之變者人也，故尙齋認爲，在上者作惡，在下者若有德，便可實行變道，甚至可進行放伐。他說：

> 在上者有桀紂之惡，在下者有湯武之德，而後天命之、人應，斯以有放伐之事可書焉耳。傳聞室某、荻生某等，陰有革命之說，大義湮晦，絕滅綱常，其罪莫所容矣。(《默識錄・卷五・爲學・三》)

文中的「室某」，卽室鳩巢，「荻生某」卽荻生徂徠。但文中並沒有觸及兩人的革命說。

尙齋與直方一樣，定義「經」爲「常道」，並把「權」規定爲「變動」和「時中」。「時中」概念來源於《中庸》，卽《中庸》

所謂的「君子之中庸」、「君子時中」（要求君子的行爲要有節度）也。從直方以「權」爲「應變之道」的立場可知，尚齋對「經」和「權」的看法，卽他的「經權一理」的立場，與其說近於其師山崎闇齋，倒不如說直接來源於直方。

　　繼承了尚齋學統的久米訂齋，也認爲「經」和「權」是一體的，比如，舜、禹由禪讓而成天子，桀、紂由放伐而失天子之位，這些都是「天理」之當然、「時」之自然、「勢之必然」也。訂齋還指出：「經」是「天地之常經」，「權」是「古今之通義」（《晚年謾錄抄》）。

第十章　大義名分論（二）

　　尚齋的「大義名分論」，除「湯武放伐論」、「經權一理」論等思想外，還有「赤穗義士論」和「異姓養子不可論」。本章將著重討論後兩論的思想內容。

（一）赤穗義士論

　　元祿十五年十二月十五日，淺野內匠頭長矩（播磨國赤穗藩主）的家臣大石良雄等四十六人襲擊了江戶吉良上野介（名義央，江戶幕府的高家——江戶幕府的職名。官位準大名）的本所邸宅，從而爲主君內匠頭報了讎。這件事在社會上引起了極大的回響。有對爲主君報讎的四十六勇士大加贊賞者，有寫文章記錄者，有以破壞天下法度爲名而加以反對非難者，等等社會輿論，不一而足。翌年，室鳩巢和林鳳岡又分別寫了《赤穗義士論》和《復讎論》（據考證是元祿十六年所作）。崎門學派的人也紛紛就赤穗義士問題發表了意見。寶永二年（1705年）或許更早一點，佐藤直方發表了《佐藤直方四十六人之筆記》，翌年淺見絅齋發表了《四十六士論》，到了享保三年（1718 年），三宅尚齋寫了《重固問目》。在《重固問目》以及直方的另一著作《韞藏錄》中，都記載了作者對四十六義士之行動所發表的評論，卽使崎門學派以外的學者，也對赤穗義士作了各種評價，故而有荻生徂徠的《四十七士論》（報仇事件時有一個人逃亡者）、太宰春臺的《赤穗

四十六士論》、玉井蘭洲的《駁太宰純赤穗四十六士論》等論著
刊行於世。

　　作爲崎門學派對赤穗義士的看法，佐藤直方在寶永二年發表
的《佐藤直方四十六人之筆記》是最早提出的。該文作於襲擊吉
良上野介後的第三年。茲引述部分內容如下：

> 元祿壬午年臘月十四日（實際是十五日）凌晨，淺野內匠
> 頭家臣大石藏之助等四十六人，身穿盔甲，手持弓箭，
> 襲擊了吉良上野介的本所邸宅，並殺戮了不少上野介的家
> 臣，刺傷了其嫡子左兵衛，最後提著上野介的首級於十
> 五日早上退至芝之泉岳寺，將上野介的首級祭供在主君的
> 墓前。……如此殘酷的行爲，居然博得世人的一致稱讚，
> 四十六人被冠以忠臣義士等稱號。無學之人因不明義理，
> 故極易誤言。林鳳岡氏曾作詩哀悼上野介之死，把他比作
> 豫讓和田橫，稱之爲忠義之臣，並著《報讐趨義》書，以
> 資悼念之情。……其實上野介與赤穗浪士並無讐恨，若上
> 野介誤殺其內匠頭，尚可言之報讐。但內匠頭被處以死
> 刑，乃是因爲他違背了大法，成了犯上的罪人。……四十
> 六人不去爲主君的大罪而悲傷，卻違背上命，攜帶武器，
> 用戰爭的手段殺害了上野介，這是大逆不道的。

　　直方認爲，上野介處死內匠頭是因爲他犯了大法，換言之，
首先是內匠頭犯大法、行不義，然後才被殺。然而，其家臣們不
僅不對犯了大法的內匠頭痛心疾首，而且以吉良有罪之名，行復
讐之實。因此，大石藏之助等四十六人殺害吉良上野介的行爲是

違法不義的。可見，從遵紀守法的立場出發，直方對大石藏之助以及赤穗浪士們的行動是持全盤否定態度的。

　　採取遵紀守法的立場而定大石等人有罪的人，不只是直方，林鳳岡也是其中之一，他在《復讐論》中指出：「以彼心論之，則不同天之仇讐，寢苦枕刃，以復之可也。偸生忍恥，非士之道也。據法律論之，則讐法者必誅，彼雖繼亡君之遺志，不免讐天下之法。」因爲《復讐論》作於襲擊吉良上野介後的第二年，所以該書當早於《佐藤直方四十六人之筆記》。林鳳岡認爲，大石藏之助等人因「讐天下之法」，故而有罪。但鳳岡又說這些人「不同天之仇讐」，從而表現出「復之可也」即對復讐之舉的某些理解的心情。

　　直方認爲，對「幕府之法」是應該絕對遵守的。所以針對室鳩巢稱讚赤穗浪士之舉是忠義行爲以及其他從道義上評價赤穗浪士的傾向，他堅持從遵紀守法的立場予以了嚴厲批判。另一江戶儒士荻生徂徠，雖然也十分注重法紀，但仍高度評價了赤穗浪士的忠節行爲，並主張武士應該尊禮而切腹自盡。與此相比，直方對法紀即江戶幕府之法則是採取絕對遵守立場的。

　　與直方同門的淺見絧齋，贊成以赤穗浪士爲義士而聲討吉良上野介的做法，甚至同情浪士們在義舉後委身公義的行爲。他認爲，播州赤穗浪士討伐吉良的行動是忠義之舉，而那些指責浪士討伐行動是不義之舉的人則是缺乏根據的。他說：

　　　　播州赤穗敵討的故事，無疑是世上人所共知的事實。不過對此事仍有不同看法，其原因就是認爲四十六人不去批評自己的主君，而去討伐得到天下認可的人，這是對天下的

不義之舉。隨此說而出的還有不少附會之見。我倒很想
聽聽有關這件事之是非得失的各種看法，然後把它記錄下
來。綜觀各種批評意見，皆為缺乏根據之議論。四十六人
乃忠義之士，這是無可爭辯的真情實事。（《絧齋先生四
十六士論》）

絧齋不僅讚賞赤穗浪士的義舉，而且肯定附和這種意見的學
者，認為這些人的行為不叫「雷同」。他說：

> 或曰：「一人云忠義，學者皆雷同。」夫所謂雷同，意指不
> 論人之多少，皆阿諛奉承有權勢之人的意見，從而導致佞
> 諛之惡習的泛濫，因此即使一人也謂之雷同。比如天下人
> 萬世不變地讚賞舜之孝、文王之忠，這就不叫雷同。只要
> 專心致力於認知真實的義理，就不必害怕自己所言是否與
> 別人所言相同。（同上書）

文中所引的所謂「一人云忠義，學者皆雷同」的話，出自《佐藤
直方四十六人之筆記》。絧齋批判了固執己見的直方，肯定赤穗
浪士的行動是正義的，認為他們「儘管未死在泉岳寺而不能算作
符合義理，但畢竟討伐了主君的死敵，故可稱之為忠義。至於這
些人的死與不死，應放到今後再去議論。」（同上書）他還讚揚
說：「（浪士們）事後並不自盡，而是放下武器（太力刀），馬上通
過人向大目付（幕府中監視諸侯的官員）作了報告。面對公義，
他們始終抱著從容委身、神妙自如的態度。」充分肯定了浪士們
委身公義的精神。

三宅尚齋在其所著的《默識錄》中也有關於赤穗義士討伐吉良上野介的記述。他與絅齋一樣，也對赤穗浪士的行動持同情性的理解，讚揚赤穗浪士們是忠臣義士，並且非難反對肯定浪士行動的人是隨隨便便地詆譭他人，認爲應該遵照朱子的話來對事物下判斷。但尚齋又認爲：「殺長矩者公也，非吉良也。」有爲吉良辯護而主持天下公道的傾向。這與直方的立場有相近之處。然而，僅僅從他所謂的「四十餘臣殺吉良，當書復君讎」這點就能看出，他並非以天下公道和大法爲第一，而是優先考慮君臣之義的，其根本立場也是與直方相異的。正因爲尚齋對浪士們的行爲有同情性的理解，所以他又爲浪士們辯護說：「夫忠臣孝子之心，在我而不可已，則公裁之成否，豈遑問之哉？」尚齋的上述思想被輯錄在《默識錄・卷四・爲學・一》中，全文如下：

> 元祿十五年壬午十二月，淺野氏之四十餘臣，殺吉良上野介義央，以復君讎，舉世稱揚，謂之忠臣義士。絅齋先生有辯說，以破當時立異論者。直方先生創造異論，而其徒雷同，罪大石等。其說紛紛。余亦飫辯論之。彼立異論者，皆無考質於朱子，而妄意詆呵焉。其意大抵云：「長矩以私忿殺義央，其罪當誅，誅之者公也，非義央矣，大石等何得讎於吉良？」……夫忠臣孝子之心，在我而不可已，則公裁之成否，豈遑問之哉？殺長矩者公也，非吉良也，而其本則在於吉良，一間而已矣。四十餘臣殺吉良，當書復君讎。至代君命之論，則妄之妄者也。

這段關於赤穗浪士的文字，據說是尚齋六十三歲或六十四歲

時寫的(《朱子學大系》第十五卷，翠川文子《三宅尚齋》)。元禄十五年，尚齋才四十一歲，所以尚齋寫這段文字已是離開赤穗浪士之義舉二十二年或二十三年以後的事了。直方去逝時，絅齋五十八歲，而尚齋才五十歲，因此使尚齋有充足的時間收集時人關於赤穗浪士之義舉的論述，尤其是絅齋、直方的有關論述，並作出冷靜的思考和判斷，從而形成能反映自身思想的「赤穗義士論」。

需要說明的是，尚齋並不反對甚至贊成根據公義對討伐主君之讎敵的淺野原家臣們採取賜死的辦法，並且認為沒有參加討伐的人亦不是不義：「程子曰：『孔子聞衛亂曰：柴也其來乎，由也其死矣。二者蓋皆適於義。』二人位仕於衛，而子羔以政不及己，可不須踐其難也逃亡。如淺野氏之諸士，四十餘士之死固當，而其他卑細之小臣，不與其事，亦不為不義。」尚齋雖然肯定大石良雄等四十六人為主君復讎的行動是忠義之舉，並且抨擊了直方等人的不同意見，但仍認為因義士們違反了天下公道和大法，故賜死的做法是妥當的。他雖與絅齋一樣對赤穗浪士的義舉持同情性理解的態度，但仍非常注重天下公道和大法，無怪乎絅齋的門人以及贊賞赤穗浪士之義舉的人，知道尚齋的這種態度後，會認為尚齋是反對赤穗浪士之行為的。在糸賀國次郎的《海南朱子學發達之研究》一書中，有一段絅齋弟子宮田定則對尚齋的評價：

> 有人又曾向宮田定則評及崎門者宿三宅尚齋：「彼（指尚齋）以大石良雄之所為是不義之舉而加以排斥。彼之學問思想儘管很傑出，但其學問幾乎對人們無裨益可言。」定則答曰：「雖如此，當時正儘所謂因虐待狗而被砍頭的惡

　　法橫行之時，可是尚齋能直言其事，無所畏懼，比之貪圖
　　食祿者不知要勝過多少倍了。此外，當曾經起用過他的令
　　宰（土佐侯）去世後，他又馬上辭掉官職，返歸故里，棄
　　奉祿如同棄敝屐。是等氣節和人生境界，又豈汝輩可同日
　　而語焉。」

(二)異姓養子不可論

　　元祿五年(尚齋三十一歲)，淺見絅齋寫了《養子辨證》，翌年
即元祿六年尚齋就著了《氏族辨證附錄》，對絅齋的觀點表示贊
同。這兩部書都是論證異姓養子不可論的。立足於儒敎的尚齋，以
中國的祭祀來格說和相續者的祭祀觀念爲基礎，肯定了絅齋的論
點並付諸了實踐。據《春秋左氏傳》記載，祖先是由男性的子孫
所祭祀的，祭祀活動一旦斷絕，祖靈就會饑餓。對一般民眾來說，
並不一定由嫡長子充當祭祀人，但就士大夫而言，祭祀人的序位是
有明確規定的。比如說，祭祀繼承人的位置需要傳給嫡長子、嫡
長孫，若不行的話，也可傳給嫡長子孫的異母弟或庶子孫兄弟，
這叫嫡系主義。另外，不管有無嫡孫，都可傳給嫡長子以下的同
代人，這叫世代主義。

　　絅齋在《養子辨證》的開頭先例舉了《春秋》本文：「襄公
六年，莒人滅鄫」以及《公羊傳》、《穀梁傳》和《胡氏傳》的
解釋，從而揭示了春秋時代的鄫國之所以會被莒人所滅，乃是因
爲以異姓爲後嗣的問題之實質。接著他又引用了《通鑑綱目》、
《一樂堂日記》（張南軒著）和朱子等有關言論，最後得出結論
說：「養子之弊尚矣。……已有父子之形，有兄弟之體，則其上

下前後，截然而不可亂。」

　　尚齋在其所著的《氏族辨證附錄》之序言裏對《養子辨證》一書有這樣一段評語：「養子之非，辨證諸說詳悉，而題跋言約義明也。辨證初題書養子，後改曰氏族。嘉先生嘗曰：義他姓，世間往往有之。」因爲當時日本的許多人並沒有認識到以養子爲後嗣是不義或犯罪的行爲，所以絅齋著《養子辨證》的動機之一就是要讓多數人認識到這個問題。至於尚齋對絅齋《養子辨證》一書（後改稱《氏族辨證》）的推崇，我們還能從其與弟子加賀美小膳的一件小事中窺見一斑。

　　小膳從故鄉甲州（現在山梨縣）到京都遊學時曾師事過尚齋。他向尚齋師請教的一個問題就是姓氏和爵里的由來。小膳本來出身在關東的武藏（現在的東京都、埼玉縣之全部及神奈川縣之一部），因爲是次子，所以有人想使他成爲甲州人的養子，嗣繼於別的人家。聽了小膳的自述，尚齋便勸他讀讀《氏族辨證》（即《養子辨證》）。小膳讀了此書後，才知自己改姓是錯誤的，於是又恢復了原姓（《道學淵源錄・尚齋先生實記・下》）。

　　尚齋還著有《氏族辨證附錄》一書，嚴禁門弟繼嗣他家而改稱異姓，要求凡繼嗣他家而改稱異姓的入門者都必須恢復原姓，並以此作爲入門的第一要義（《道學淵源錄》）。例如留守希齋、多田維則、蟹養齋、小野崎舍人等弟子一入尚齋的門就恢復了原姓。小野崎舍人起初是佐藤直方的門人，他不僅成了他家的養子，而且出仕成了他家的老臣僚。然而，直方死後，舍人便轉入尚齋學門，並不得不捨棄官職，恢復原姓（同上）。

　　這種禁止異姓養子的儒家之道，尚齋不僅讓自己的入門弟子實踐之，而且還迫使周圍的人也要做到。比如對附庸於自己爲自

已幹活的人，尚齋亦絕不允許改姓異姓（《道學淵源錄‧尚齋先生實記‧上》）。

只有同姓同族的子孫才能祭祀祖靈，這是中國古代儒教的根本理念。這種理念，在尚齋寶永五年四十七歲被囚禁於忍城監獄時所記的《祭祀來格說》中就有過論述，甚至在他二十六歲時（貞享四年）所著的《鬼神來格辨》中就已經涉及到了。在尚齋的《氏族辨證附錄》中，摘引了《朱子文集》的一段話：「徐居甫問：禮支子不祭，祭必告宗子，然諸之嫡子云云。」（卷五十八）認爲先祖之靈應該由嫡子來祭祀。

正德二年，尚齋五十一歲那年，寫了《同姓爲後稱呼說》。這是一篇有關以同姓人爲後嗣的時候如何稱謂的文章。文章開頭就對名稱作了明確的規定：

> 萬物同出於天，而物物分殊，手足其具於一身，而形形區別，其義一也。不可手以爲足，不可足以爲手，則不可異族以爲親。
> 予既記此論。或謂養異姓，陽繼陰絕，固爲失義。稱叔父以父，稱姪以子，亦固非矣。父之兄弟，是亦父也，然不可不別，故以伯叔字。兄弟之子亦子也，亦別之以猶字。今養者所養者，以養字冠之，稱之以爲養子，養子則非本生之父子也。

第十一章 實 學 (一)

　　尙齋是江戶時代以儒教的體認之學爲本的偉大的思想家之
一。作爲一名教育家，他不僅積極地創設學校，而且還活躍於經
濟、政治等領域。本章將要討論的問題是有關尙齋爲學的目的以
及他的教育業績和教育思想。

　　正如已經敍述的那樣，尙齋思想的基礎是程朱之學，並師事
於闇齋，闇齋死後又師事於同門的絅齋和直方，其思想深受這些
先賢或同輩們的影響。他曾系統地學習了作爲這些道學家之思想
來源的四書、五經等經典，寫了《論語筆記》、《孟子筆記》、
《大學筆記》、《詩經筆記》、《易經本義筆記》等著作。尙齋
在囚禁於忍城監獄時，曾想到過結束自己的生命，但當他體悟到
生命的意義後，便堅定了自己求生的意志。因此，卽使能讀到
「四書」中的一種，他也總是欣喜不已，激動滿懷。

　　尙齋強調：學業是究理之學問，政治是聖法之政治，學業和
政治兩者必須一體，因爲兩者並非單純的理念性之學問和政治論
的二元化模式。但是有不少學問家卻對現實政治和人倫道德實踐
漠不關心。

　　朱子重視小學，崎門學派也重視小學，故尙齋亦決不敢
輕視。他在六十七歲那年（享保十三年）還著了《小學筆
記》，這就是最好的明證。在《道學淵源錄》裏，記載著尙齋
門人山宮維深和多田維則所記的尙齋有關小學之必要性的一段談

話：

> 先生云：《小學》之書，終身之事，雖《大學》誠意正
> 心，纔離小學，乃流禪。（山宮維深《尚齋先生實記》
> 上）
> 先生晚年，讀書多令門人代講，唯《小學》書，必躬親講
> 之。（多田維則《尚齋先生實記》下）

由此可見尚齋對小學的重視程度。尚齋在自己的晚年，還親自講
讀《小學》，而不讓自己的弟子代講，這表明了他把小學的學習
也當作真正的政治和道德實踐的學習過程的思想方法。

　　尚齋論述作學問之要點的專著是《爲學要說》。正德元年，
五十歲的尚齋從忍城監獄被釋放後，決意放棄出仕之道而定居京
都，從一定意義上說，這年是尚齋人生道路上新的起點的開始。
尚齋在《爲學要說》裏認爲：要想了解學問就必須首先了解人。
何謂人，相對於創設人的天而言謂之人；何謂學問，存天理去人
欲的工夫謂之學問。至於創設人的天，尚齋在十年前（元祿十四
年）所題的〈偶記〉中就已有過論述：「道之大原出於天，而天
之爲物不貳，則道惡乎有二。中國聖王之道之教本於天地，根於
人心，而貫古今，通南北矣。」（《尚齋先生文集》卷中）這就是
說，由中國聖王創立的道和教，乃是本之於天地，根之於人心，
貫通古今南北之時空世界的。因此，在筆者看來，《爲學要說》
的要旨不過是上述觀點的反映。因而著者在《爲學要說》中，極
力強調「居敬窮理」，並且指出了「立志」先之於「居敬窮理」
的重要性。至於「居敬窮理」、「讀書」、「本領」等問題，著者在

書中也有各種議論。該文是用日文片假名寫的，故而初學者也能讀懂，可以說它是一篇論旨明確展開，且平易簡要的名著。尚齋認爲，學問的目的歸根到柢是爲了政治世相的安定和人倫道德的端正。其門弟留守希齋曾在《道學淵源錄》裏說：「先生嘗以興起斯文爲己任，故其教人，求道德之備矣。」所謂「斯文」，卽「文王創立的文化」，也就是「儒家的學問和道德」的意思，在《論語・子罕篇》孔子的話中也能找到這兩個字。尚齋所說的學問之目的、使命以及教育的根本任務，就是「斯文的興起」，換言之，卽進行儒學的教化。

江戶時代的儒學，由於得到德川將軍家的支持而逐漸興盛起來，尤其從五代將軍綱吉時代開始到八代將軍吉宗時代有了進一步的發展。在吉宗時代，由於將軍家積極推行教化政策，使儒教思想廣泛深入到日常生活的各個層面，從武士階級到一般民衆階層概不例外。當時在江戶的湯島聖堂內以及其他一些地方都舉行公開講座，不論農民、職員、商人等身分階層的人都能自由參加，而其諸鄰國的學問所、寺小屋等講學處也非常普及，民間人士還建立了不少鄉學。

江戶時代，除了湯島聖堂和高倉屋敷外，還在江戶、攝津、大阪分別設立了會輔堂、含翠堂、懷德堂。其中尤數懷德堂與江戶的湯島聖堂名聲最大，講學風氣隆盛一時，直至明治以降仍餘波未息。懷德堂是大阪船場的五大商人在三星屋、道明寺屋、備前屋、鴻池屋及舟橋屋的基礎上建立起來的。創立的第二年卽享保十二年 (1727 年)，就被幕府所認可了。最初的講主是三宅石庵，主要是講解詮釋朱子學和陽明學，認爲學問的目的就是盡忠孝，勤職業，因而很得大阪町人的贊賞。除此之外，當時中江藤

樹的藤樹書院、伊藤仁齋的古義堂等也是名極四方的。

　　尚齋定居京都以後，便在家裏教授弟子，又於享保十七年八月在京都設立了培根達支堂，場所就在西洞院和下立賣的交叉口，即現在的京都市上京區西洞院大道與下立賣大道的交叉處，建有京都府廳西別館等機構。

　　阿部吉雄博士在談到三宅尚齋的庶民小學教育觀和培根達支堂時描繪說：「根據小川晉齋手寫本《尚齋先生行狀》繪製的學舍全圖可知，面朝下立賣的橫向有十間房，面朝西洞院的縱向有十五間房，正門的兩側是子舍即弟子們的宿舍和三間其他房間；學舍的最裏面是左培根堂和右達支堂，左右各三室；堂前左邊是祠堂和先生的宿舍，右邊是學舍長的住宅；祠堂和先生宿舍前面是走廊。」學舍內除了講堂外還有射圃、師生宿舍、祠堂等，祠堂內祭祀的是朱子、山崎闇齋、佐藤直方。此外，在翠川文子寫的〈三宅尚齋〉一文中也載有「培根達支堂圖」(參見「朱子學大系」卷十二)：

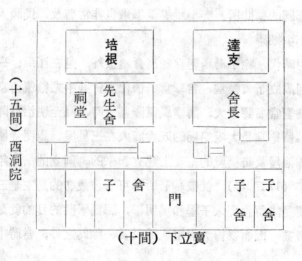

　　當時學舍的一般作法是：年不分長幼，人不分士庶，學不分深淺，凡聽講者皆聚集一堂，但所講內容不外是朱子的《小學》、《近思錄》以及四書五經等儒家經典，而對教學上必要的禮、數、書、射之科目則不屑一顧，對稽古的學風也不予推行；而且無視品行的修練，對書法練習非常疏忽，甚至連進退動作等禮節也不教給聽講者。因此世人對當時學問的評價是學無所用。具體地說，當時在學舍內談論的都是些好高騖遠的東西，而對眼前實用的東西則恥於口舌，甚至於任意詆毀他人、非議政治，無怪乎世人譏評這種學問是害人子弟。正是在這種背景下，使尚齋燃燒起了從根本上糾正當時學問教育之傾向的決心和真正向多數人學習的強烈使命感，並且在這種真摯熱情的驅動下創建了培根達支堂(《道學淵源錄・培根達支堂記》)。

　　尚齋所創建的培根達支堂，從學制上說，實際上試行的是朱子《大學章句》中所記載的古代中國三代（夏、殷、周）的學制（同上）。

　　當時雖然崎門學派的人已經在會輔堂（講主是直方門下的菅野兼山）和懷德堂（講主是出身絅齋門下的三宅石庵）實行了庶民教育，尤其是町人教育，但尚齋無疑是徹底實行庶民教育的最傑出代表。關於創設「培根」和「達支」二堂的問題，尚齋在《答難書堂說》中指出：「古昔聖王，小學以養其根，《大學》以達支，此所以立百世一定之法也。凡天下之學焉者，長幼異年，尊卑殊位，不二其教，則師不能以育才而弟子不能以成身。」就是說，培根堂以小學的講習和誦讀為中心，而達支堂則以《大學》的講習和誦讀為中心。正如二堂教科一覽表（下載）所揭示的那樣，培根堂的教育內容包括禮、射、御（使用木

馬的工夫），另外還要教閱讀《四書》、《五經》、《史記》等
典籍的句讀方法。可見，培根堂的教育實際上是以庶民爲對象的
小學教育向以士大夫爲對象的大學學問過渡的教育。關於這個問
題後面還要論述。

培根堂書目

禮（形體諸禮）

射御（木馬）

數書

句讀（孝經、小學、四書、五經、周禮、儀禮、左傳、史記）

講說（小學、家禮、*孝經刊誤、*敬齋箴、論語、孟子、

　　*訓子帖、弟子職、*責沈文、童蒙須知、*拘幽操、靖獻遺言）

　　若持己事人之法，則右數件之書，言之詳具矣，今不列於此。

達支堂書目

講說(*白鹿堂揭示、行宮使殿奏劄、近思錄、大學、或問、

　　論語、孟子、中庸、輯略、或問、*中和集說、詩、書、

　　易、*朱易衍義、程傳、啓蒙）

禮（周禮、儀禮經傳通解正續、小戴禮、大戴禮）

春秋（五傳）

史學（國史、日本記、日本後記、續日本後記、三代實錄）

異域史

律學

曆學

兵書

前所列舉如此，不必在此限，其條畫如此。

有＊記號者，係山崎闇齋編集或表彰的書目。

　　尚齋認為，中國是世界的中心（見後述），而儒教又是這一中心的基石。可以眞正稱爲純儒的人，不是江戶幕府那些充當御用學者的儒者和主張神儒一體論的儒者。不過，達支堂所開列的史學書目則首先是日本史，然後才是異域史以及律學、曆學和兵書。而所有這些科目或被講授的內容都不能不引起研究者的注意。我想它至少說明尚齋對這些學問都是精通的。舉例說，享保三年，尚齋曾寫過〈論兵家〉一文（載於《尚齋先生文集》卷中），文中指出:「夫兵者守國之具而先王之所不廢、學者亦所當講焉。」可見其對兵書之愛好。

　　享保十三年八月他在《小學筆記》中指出:「若夫農工商賈之徒，則固無治人之責，唯學小學而足焉耳，其俊秀則不在此限也。」尚齋在身分等級森嚴的江戶時代，提出農工商庶民中的俊秀人物可以學習小學以上的學問即大學，就是說庶民中的優秀人物可以超越身分的差別而學習大學，這是很了不起的。尚齋的小學大學說雖然承繼了朱子的看法，把對士大夫和庶民的教育分爲大學、小學。但他認爲，對庶民中的俊秀者可以超出小學教育的範圍而敎之以大學，這是不同於朱子的小學大學教育觀的。而且這種敎育思想在他設立培根達支堂前四年就已確立了。不過尚齋的這條敎育原則並不適用於普遍的庶民。故他在《小學筆記》裏又強調指出:「蓋二十以上,雖大學年數,凡民一生,學小學而足也。」

　　尚齋在完成《小學筆記》的第二年卽享保十四年，又寫了《大學筆記》，批評了當時的講學之士濫用小學和大學的做法。

在尚齋看來，《大學》自古以來說的就是治國平天下之道，因而一般人是不需要掌握的。對庶民來說，重要的是修身齊家之教，而這些道理在《大學》裏就已說得十分充分了。人有小人大人之分，小人以修己而足也，大人則必須修己並使善政達於人。《大學》一書非一般人所應讀，這個道理被講學者搞得含混不清，尚齋因過分憂慮而寫下了《大學筆記》，予以澄清。

儘管尚齋認爲《大學》非庶人所讀之書，但他在《大學筆記》中仍強調庶人中的優秀分子不應受這一條件的限制。尚齋的門人天木時中在爲培根達支堂竣工而寫的〈講堂成上先生文〉中，引用了《詩經》章句（〈小雅·巧言〉）中的「奕奕寢廟，君子作之；秩秩大猷，聖人莫之」一段話，以作爲對尚齋師設置講堂、射圃、師生宿舍等設施的讚賞。此外，天木時中對大學小學之道也作了明確區分，認爲士儘管與巫、醫、農、工、庶民一起在學舍裏學習，但士與民所學的內容則有各自的分界，「故今使巫、醫、農及浮躁生徒就培根之中，以學修身之大法；使大夫、士以上及巫、醫變爲士者與小學涵養有素者就達支堂之中，以窮義理之精微」。和尚齋一樣，天木時中也考慮了讓在培根堂學習小學修身之道的優秀分子進入達支堂學習大學之道的問題，並對尚齋的這一教育方針大加讚賞，「夫如是而存養究索之功歟」。

培根達支堂建設完成前，尚齋遭受了後嗣嫡男重德（一平）過早去世的不幸打擊，學堂的竣工儀式由得意門人和友人代勞。後來該學堂極盛了十年，來學者甚多，就連江戶會輔堂講主菅野兼山也讓其子要中上京，就讀於培根達支堂，並將子託付於尚齋。要中在己所作的《綸齋雜記》裏是這樣記述當時學堂之盛況的：「享保之末年，吾先師尚齋先生建培根達支堂於京西洞院，菱屋

勉材，堂成，四方依歸來學之生徒及數千。」（轉引自阿部吉雄〈三宅尚齋的庶民小學教育說與培根達支堂〉）。

　　尚齋死後，仕事於松平家的弟子多田維則（蒙齋）與同門友人們商議後，把培根達支堂給搗毀了。究竟出於什麼理由要把學堂搗毀，我們不得而知，不過尚齋生前留下的遺言卻是希望將學堂永久地傳至後世的。

　　尚齋有關大學、小學的教育方針，是明確地規定對象後由自己親自主講，特別是到了晚年，連小學課目也不讓門人代講，而是自己直接講授。他認為，當時武士的風氣衰頹，不知廉恥；玩弄政治的人，為私利而欺上瞞下。為了消除這些弊端，他強調在位的君主之當務之急就是去私利私欲而使天下人都遵從義理（正道）。而在他看來，「今也帥之以利，而欠教學之一件」（《默識錄・卷五・為學・三》）。因此他認為，明辨廉恥、分清是非的教育是十分必要的。尚齋本人正是按照這一教育思想去實踐的。

　　尚齋不僅要讓人們知道廉恥，而且提倡在現實生活中付諸實踐，從而達到移風易俗的目的。他向天下人追求利欲、寡廉鮮恥的傾向發出了警告，認為由知廉恥而移風易俗乃是當今政治之根本（同上書）。

　　尚齋在世的最後十年，即培根達支堂時代，始終關注的問題，就是力圖使大學和小學的教育日臻完善和徹底，並通過完備的教育包括庶民教育，在自己的有生之年達到知曉廉恥，淨化風俗，實行善政的目的。

第十二章　實　學 (二)

　　猶如本書第一章所敍，尚齋仕事忍藩主阿部正武、正喬父子時，即元祿十三年他三十九歲時，擔任了日光東照宮的舍館（即分配住宿的工作，是藩主正武的代理人）。寶永二年，四十四歲的尚齋在擔任修造增上寺清揚公廟工程的監督和出納時，又一次表現出他辦事敏捷、務實幹練的才能。據《道學淵源錄》載：「幕下改造清揚公廟於增上寺，命侯助工役，使先生監其事掌出納。」（《尚齋先生實記》中）「此役也，兼數官之務，事甚紛沓，先生勤以敏速，無有遺漏，官屬服之。」（《尚齋先生實記》下）據說尚齋擔任這一職務有五個月時間，即從寶永二年五月到十月。上述資料無不說明了尚齋的傑出才幹和務實精神。這種務實精神首先反映在他的經濟政策上。從享保七年（1722 年）到享保八年，因米價下跌，而使穀農困極，幕府遂下令降低日常什物的價格。翌年幕府又發布了儉約令。尚齋認為，禁止奢侈是安定物價政策的根本。他說：

> 米價沸騰，薪炭紙帛之類亦比於慶長間，其價或倍蓰，或什佰；在上日驕奢，在民日困者數年矣。壬寅以來，米價年賤，而庶物則其價依舊。是以穀價賤而上下困極，却甚於壬寅以前。竊聞，大樹深憂之，旁問之，進言者各以所見獻其術。頃者或人來問重固所見如何。布衣寒士，固不

知天下事。……蓋用則貴，舍則賤，是人與物皆然。米價
雖賤，然物之貴者，天下方今，滔滔而奢麗之務故也。教
化以斬截華靡之根，法制以令不得出質素之域，則物之賤
可立而待也。（《默識錄‧卷三‧爲學‧一》，據考證該
文是尚齋六十二歲時的作品）

「壬寅」卽享保七年。該年因施行穀物新政策而使米價下跌，故
翌年又伴隨著米價下跌而頒布了降低物價令，但效果並不好，窮
人的貧困狀況並無改變。尚齋主張儉約，認爲「法制以令不得出
質素之域，則物之賤可立而待也」，因而建議幕府發布儉約令，取
締奢侈之風。幕府接受了尚齋的建議，於享保九年頒布儉約令，
限制衣服等什物的賣價。

　　享保十五年，尚齋六十九歲，伊勢長島藩主根據尚齋的意見
建立了「社倉」。由尚齋弟子多田維則口授的《社倉法大意》（寫
本，町立高鍋圖書館藏）一書中有以下一段「注文」：

長島藩主建社倉，其始末皆記錄成文，輯爲一册。三宅先
生曾爲之作序。此後遂建講堂，聘學者，教授人倫之道。
其餘風至今殘存，藩士以及庶民中，治經學者比比皆是
也。

在《社倉法大意》的末尾注有：「以上皆多田翁先輩所傳聞」。由
此可見，《社倉法大意》的筆錄者當是與多田維則一起就學於尚
齋的人。至於寫該書「注文」的人，也許是多田維則的後學，或
者是尚齋的門人。

　　關於社倉的問題，尚齋在正德三年（1713年）寫的〈井田〉一文中已有提及：

　　　張子以為可復，朱子以為不可復。以今之人，以今之時，
　　　則謂之不可復，蓋當矣。若聖王起，賢相出，相與改革一
　　　新，則固無不可為者。異邦土俗人情皆未可詳知。如我邦，
　　　則今之時制民之產，其處置不一，只有志者做得成耳。如
　　　社倉亦後世之良法。（《尚齋先生文集》卷下）

文中提到的「如社倉亦後世之良法」，乃尚齋對當時日本現狀所作的判斷。他使官府明白：只有早作努力，才能避免人民遭受饑餓之苦。所謂「社倉」，即以借貸給需要救濟的窮苦農民穀米為主要目的的穀物倉庫。在中國，隋文帝時代就有所謂「義倉」；宋代以村落為單位設立了社倉；南宋的朱子提出了非常傑出的「社倉法」。「社倉法」的影響甚至波及到了日本和朝鮮。在日本，首先從中國輸入「社倉法」的是山崎闇齋。闇齋著有《朱子社倉法》，該書序言中記述了孔子言論及對朱子制定「社倉法」的評價：

　　　孔子曰：其人存則其政舉，其人亡則其政息。若漢之常平
　　　倉，隋唐之義倉，則近古良法而民不被其澤者何哉？人亡
　　　政息也。朱子本於隋唐，制社倉法。其法惠而不費，所施
　　　之處，雖遇凶年，民不缺食，人存而政舉者如此。惜乎，
　　　不得行此於天下也。

闇齋的《朱子社倉法》，據阿部隆一的〈崎門學派諸家略傳與家風〉（載「日本思想大系」，〈山崎闇齋學派〉）考證，是明曆二年（1656年）闇齋三十九歲時的作品。在日本，最早創建社倉的是會津藩主保科正之，他在明曆元年初創社倉時，正如闇齋所感嘆的：「惜乎，不得行此於天下也」，全國亦僅有正之一家。社倉創設後，到享保年間便發揮了它的作用。享保年間的饑荒，遍及全國，當時雖經寬政改革而提高了政府職能，但救濟工作做的最好的還是在尚齋推進下實施了社倉法的伊勢長島藩。保科正之後師事於闇齋，成爲崎門學派的一員，並異常活躍，時間是寬文五年（1665 年），當時闇齋四十八歲。另外，闇齋的高弟淺見絅齋也很強調社倉法，並著有《社倉法並附考講義》一書。

尚齋是經闇齋、絅齋引導後才開始研究社倉法的。他認爲，建立社倉是救濟窮困饑民的好辦法。不過他眞正開始建社倉已是七十四歲以後的事了。那年他提出設置了「常平倉」。所謂「常平倉」，卽根據「常平法」（又稱「穀價調整法」，就是在穀物價格低賤時買入貯藏，昇高時賣出）而設立的穀物倉庫。「常平法」是穩定價格的方法。那麼尚齋爲何要從強調「社倉法」轉而強調「常平法」呢？這是由於穀物價格變動後，農民的生活受到威脅，爲維護農民的利益，抑制商人貪圖利潤的活動。實際上，這種「常平法」在中國古代的戰國時代就已被採用了。尚齋七十四歲那年，卽享保二十年，大阪米店所賣的廣島米已從一石三十一匁銀子漲到了四十一、四十五匁。而且從享保前期開始，各地的百姓騷亂已接連不斷。尚齋目睹了這些嚴峻的現實，故而要求幕府以積極的政策促使人們生活的安定。

尚齋在《默識錄》中指出：「常平之法，是四民之良法。」（卷

五，〈爲學・三〉）並且認爲，「常平之法」在杜祐（735～812年）的《通典》（中國古代到唐代制度的總結）裏就有記載，因而在日本實施是完全可能的。他說：

> 攝之大阪，是天下四方粟米之府，而四方之米價，一據大
> 阪而定焉。公家出置一二十萬金，均平高下，則有可爲者
> 矣。與設置於諸路者，其勢之難易，頗大有異也。（同上
> 書）

當時大阪有收藏各藩貢租米的藏糧屋，但結果所藏糧米都被換成了貨幣。尚齋確信，如果設置「常平倉」，就能起到調整穀物價格的作用，因此他極力提倡設置「常平倉」。

具有上述經濟知識和經濟政策的尚齋，已不僅僅是位實務家，而且是一位立足程朱之學、堅持儒者立場的政治家。他把經濟學的各種原理還原爲「格物致知之力」。享保十八年十一月一日，他在《雜談錄》中說：「所謂經世濟民之學非向外之學也，以格物致知之力而明理也。如米價漲，則能知如何善處之。」（《尚齋先生雜談錄》）作爲一位偉大的思想家、教育家和經濟政策論者，尚齋不僅具有卓越的見識和實踐能力，而且對政治的見解也是其他儒者尤其是日本儒者所不能望其項背的。他非難了當時學者終日讀書講學而不加以實踐的傾向，認爲絕大多數從事政治的學者都是學而無用、無所事事、猶如俗吏的御用學者（《默識錄・卷三・爲學・一》）。

尚齋基於日本人的立場，肯定日本是偏國，而中國是世界之中心。絅齋否定了那種對以中國的潁川陽城爲天地全體之中心的中

國人的立場、觀點不表示異議的做法。而尚齋則斷定:「然以地球觀之，漢土對萬國，其勢自然得其中也。」(《默識錄·卷一·道體·一》)他在六十九歲寫的文章中提出了這樣的觀點: 君臣之義，數日本最優勝; 夫婦之別，則要算蝦夷最優勝，因為這些國家都是偏國。他說:「我邦君臣之義，其明過於萬國; 蝦夷夫婦之別，其正亦非他國所及。此皆偏國之所致。」(《默識錄·卷二·道體·二》)

尚齋一貫從儒教的立場出發批判江戶幕府。例如他曾指責參勤制度違反了儒道。儒道規定，祭祀先祖之靈必須由夫婦一起進行。所謂參勤制度，說的是關原之戰前，前田利家因受到德川家康的猜疑，其同胞姐妹細川忠隆夫人等便把利家的妻子當作人質送到江戶。關原之戰後，外地的大名們也紛紛向幕府提供人質，以求得幕府的信任。慶長六年 (1601 年)，伊達政宗設立江戶屋敷。此後，各地送交人質、參勤便也成了不成文的規定。寬永十二年，根據「武家諸法度」，人質、參勤又作為一項制度而被明文規定了下來。起先是在江戶一年後再回到各諸侯國二年，每年的四月作為交換期。但到了寬永十九年，即使大名在國中，其妻子們也都被扣留在江戶。把大名的妻子們扣留在江戶，以作人質，是為了防止大名們在本國謀反。《禮記·禮運篇》云:「君與夫人交獻，以嘉魂魄，是謂合莫。」所謂「合莫」，即神與人會合之意。由此可見，祭祀神靈、供奉神主必須夫婦兩人一起進行。《禮記·禮器篇》也記載說: 夫在「阼」(東階)，婦在「房」(西屋)，酌犧象之罍尊酒，行堂上之獻酬禮。就是說，夫婦要一起在廟堂舉行祭祀儀式。然而，根據參勤制度的規定，大名被迫與自己的妻子分居兩地，因此儒道所要求的夫婦一起進行廟堂祭祀活動就成為不可能的了。江戶幕府雖推崇儒教，但又施行參勤

制度；雖要求各藩國以儒道爲根本，但又廢除了夫婦祭祀之禮，從而使江戶幕府支配下的日本三百年間，夫婦一起舉行廟堂祭祀活動成爲不可能。日本的儒教實際上是作爲政治倫理意義的儒教而存在的，而作爲宗教的儒教卽儒道，在江戶時代已被幕府滅絕殆盡了。因此，作爲儒道的鬼神來格說、祭祀來格說的忠實實踐者尚齋，理所當然會對江戶幕府的參勤制度進行激烈地非難（參見《默識錄・卷三・爲學・一》）。

　　享保七年，六十一歲的尚齋應佐竹侯的招聘，從京都赴任江戶，途中目睹了淺間山火山的噴火，這使他想起了十五年前卽寶永四年（1707年）因富士山火山的爆發而造成大量罹難者的悲慘景象。在尚齋看來，天災是時政惡劣所使然，而絕非罹難者自身之因果報應。就是說，當時產生天災的原因是由於五代將軍德川綱吉施行「生類憐憫令」等惡政而觸怒上天的結果。他批判說：

　　壬寅八月東行，道歷信濃國，淺間嶽今尚見煙。因謂：往年富士山大燒，山下民多死。其燒者，分明是大政之所感，而山民何罪。蓋人事能感天地，而天地本無心，故山民罹其災耳。佛氏不知於茲，以因果言之。佛氏本不知天地也。（《默識錄・卷一・道體・一》）

第十三章　尚齋的學統

　　尚齋繼承了信奉程朱之學的闇齋的儒學思想，闇齋去世後，又曾就學於同門師兄絅齋和直方。他最專心信奉的就是儒教。因此，尚齋門人服部梅圃之子服部粟齋❶讚嘆說：「三宅氏質行有餘，研理亦密。」（《道學淵源錄‧尚齋先生實記‧下》，《吾黨源流‧服子行狀》）「學程朱子而弗差者，其唯三宅氏與！」（同上書）而粟齋評價直方則是：知見透徹，才力絕倫，而不屑讀書也；評價絅齋是：所見正大，學問精博，然自負太過也（同上書）。山崎闇齋學派，以絅齋、直方、尚齋的學統為代表，此外還有闇齋其他弟子的學統，從北部的東北地區、南部的九州四國地區，以至到畿內、關東、東海、北陸、山陽、山陰等地區，崎門學都有廣泛的影響。

　　崎門學派的各流派，經江戶時代而發展到明治初期，直至現在仍有其傳承。但是比較尚齋的系統，就絅齋和直方的系統來說，不能不看到其對建立在人際關係上的師弟之義等問題的關注。猶如前述，闇齋和絅齋由於敬義內外說的對立而導致門戶分裂，而闇齋和直方則由於直方拒斥神道而導致門戶分裂；此外，絅齋

---

❶　服部粟齋，名保，字祐甫，別號旗峰，生於攝津國豐島郡濱村，就學於懷德堂，仕事保科侯，後又教出石侯經書。在江戶麴町創麴町書院，生徒雲集。寬政十二年（1800年）五月二日去世，享年六十五歲。學於懷德堂後又師事於三宅尚齋的門人久米訂齋和直方派的村士玉水。

和直方也由於國粹主義和合理主義之思考方法的不同以及相互憎惡、誹謗而導致了關係的破裂。可見，闇齋學派內的人際關係問題已早就存在了。

在絅齋門下，義烈俊秀之才輩出，比如參加過寶曆年間勤王事件的竹內式部，是若林強齋門人松岡仲良的弟子；幕末的勤王志士有馬新七（薩摩人）和梅田雲濱（若狹人）也屬於若林強齋的弟子小野鶴山和西依成齋之系統的學者。此外，谷干城則屬於谷秦山的系統。絅齋的門人三宅觀瀾仕事水戶藩後，便發揚其師絅齋的精神編纂了《大日本史》，爲水戶學的振興作出了貢獻。然而絅齋卻認爲觀瀾仕事藩主的行動是背叛天子，因而將其開除門籍從而導致了門戶破裂。

直方門下有稻葉迂齋、野田剛齋和永井隱求三大弟子，此外還有荻野重祐、長谷川克明、小野崎舍人(直方死後師事尚齋)、高木甚平等高足弟子。迂齋之子稻葉默齋繼承了其父的學統，中年致仕，移居其父門人較多的上總（今千葉縣）清名，使闇齋之學在上總的鄉土中得到了廣泛傳播。其弟子奧平棲遲庵、三上是庵和石井周庵一直把這一學統持續到明治時代。

明治初期，日本爲了近代化而積極地吸收了歐美的近代技術、社會制度以及風俗習慣等。而且不僅是物質文明，還吸收了大量的精神文化。從而出現了全盤拋棄舊有優秀精神文化的現象。那是一個對歐美思想文化不加批判地攝取，而對和漢傳統思想文化不屑一顧的時代。但尚齋的門流楠本端山卻不迎合時流，明治維新後便回到家鄉，潛心研究自己所信奉的「道」，並熱心培養弟子，直至明治十六年去世爲止。端山死後不久，以佐藤直方系統的人爲中心的崎門後學，又在東京設立了「道學協會」。「道

學協會」出於對當時社會狀況的擔憂，以「明程朱之道」「維護世之禮教」爲目的，創刊了《道學協會雜誌》和《先哲遺書》。對這個協會，並木栗水（朱子學者，大橋訥庵的弟子，楠本碩水的友人）曾進行過批判，楠本端山的弟弟碩水（尚齋後學）也拒絕加入該協會。關於「道學協會」，栗水在寫給碩水的信有以下說明：

> 對一般所說的崎門學的流弊，我也有同感。關東地區的所謂崎門學，多爲佐藤直方一派。該派到了稻葉默齋，帶有明顯的狂者性質，其學問亦不免陷於異端。奧平玄甫（棲遲庵）、三上是庵的思想方法，在我看來都不外是佛教的貨色。他們對經書的解說，僅僅局限於字面意義的詮釋，因而是毫無趣味的。我不去加入道學協會，雖然門人中有人加入，對默齋的《孤松全稿》雖然我有時也去流覽一下，但並不認爲這是一本有益的書。該書文章拙陋，意思不通。反觀三宅尚齋一派，則絕無這些毛病。尚齋寫的書，對經書的解說相當綿密詳細，不僅論述了《朱子文集》、《語類》與本注的異同，而且論述了後世儒者的得失，主張取其精華，去其糟粕，所以被公認爲是學者的必讀書。
> （轉引自岡田武彥《楠本端山》。重點號係筆者所加）

和絅齋、直方一樣，尚齋的學規雖非常嚴格，但師徒間的關係卻相當融洽。而且他傳授學問從不分親疏，故而使門人逐日增加。他教學懇切叮嚀，有問必答，八十高齡，仍門庭若市。門人愛慕他，猶如孔子弟子之愛慕孔子。聽到他去世的消息，門人慟

哭不已，宛如孝子哭喪父母（《道學淵源錄·先達遺事》）。

對絅齋和直方關係的斷裂，尚齋是持批判態度的（《尚齋先生雜談錄》。但據《洪範全書續錄》載，尚齋自己也由於學術觀點、義理道德的不同，而與絅齋的弟子若林強齋斷絕了關係。強齋門弟山口春水曾極力想促成兩人的和解，對此，強齋勸道：「盛情難卻，但毫無用處。我雖對相互論爭，有傷感情的事深感厭惡，但由於與三宅在學術、義理上有明顯分歧，所以這樣的結果也是不得已的。」（《雜話筆記》卷三）恐怕尚齋也是由於同樣的原因才與自己的對手強齋絕交的。下面這則資料，雖與強齋絕交無直接關係，但能說明尚齋對「道」的注重程度：

> （我）與門人友人絕交的事確實發生過。道同才能志合，若道不同則志亦恐難合一。故朱子也曾與一、二個弟子絕了交。世人有謂：「山崎先生不希望義絕，而到了絅齋、直方等人則義絕、義絕叫個不停，真是令人討厭。」世俗人有這種挑唆也是自然的。（《尚齋先生雜談錄》）

由此可見，尚齋也不僅僅是個溫厚柔和的人，爲了「道」，爲了「義理」，他也會不顧一切的。另外還有個別情況，是僅僅因爲學術上的不同意見以及個人感情上的問題而導致關係破裂的。由於崎門學歸根到底是以「道學」爲媒介而交友的，所以一般來說尚齋亦不能不遵循這一原則。總之，三宅尚齋的學統，最主要的是信奉程朱之學，而且把儒教作爲宗教，對神道、佛教等採取毫不妥協的立場。這一學統一直持續到明治初期。不僅如此，尚齋的學德也由門人承續下來了。

　　尚齋的弟子主要以號稱尚齋三弟子的久米訂齋、石王塞軒、井澤灌園爲代表，此外還有天木時中、味池修居、山宮雪樓、多田蒙齋（維則）、留守希齋、蟹養齋、北澤遜齋、加賀美櫻塢(小膳) 等多人。久米訂齋的門人有板倉震齋、宇井默齋等。震齋曾仕事藩主溝口浩軒， 並作爲崎門學派 的一分子而活 躍於新發田藩。從宇井默齋門下出了大儒大塚觀瀾和千手廉齋。大塚觀瀾編述了《道學淵源錄》，千手廉齋則將學問傳給了長子旭山。後來由旭山傳給月田蒙齋，再由蒙齋傳給楠本端山、楠本碩水兄弟。端山和碩水不僅繁 榮了幕末到明 治初期的學術空氣， 而且爲推翻幕藩體制迎接新的時代做出了貢獻。端山的學說傳予子楠本海山，海山又傳予子楠本正繼博士（原九州大學敎授）。今天，楠本博士的學說卽楠本學又被岡田武彥博士（九州大學名譽敎授）及其他門弟們所繼承。此外，月田蒙齋的另一學派由曾經私淑過他的小倉藩主之弟小笠原敬齋所繼承。但敬齋爲了改善豐前小倉藩的國事和藩政而拼命工作，終於積勞成疾而過早去世。在活躍於幕末到明治維新歷史舞臺的尚齋門流中，不僅有九州的楠本端山、碩水兄弟及小笠原敬齋，還有在安政大獄裏被殺害的橋本左內。左內是千手旭山的弟子吉田東篁的門人。尚齋的其他門弟如蟹養齋， 則在名古屋傳播崎門學， 後由弟子中村習齋、深田香實、細野要齋所繼承，直至明治時代。再比如北澤遜齋和加賀美櫻塢，分別培養了傑出的學者小川晉齋和山縣大貳。大貳是江戶中期著名的尊王論者，因宣傳尊王斥霸思想，並受「明和事件」❷

---

❷　明和事件——明和三年（1767年）八月發生在江戶的事件。江戶幕府以謀反罪處死了山縣大貳、藤井右門等人。大貳在江戶敎授儒學和兵法，鼓吹尊王思想，右門寄宿在大貳家，討論江戶攻略法。幕府借上野小幡藩內亂而逮捕了大貳、右門二人，並判處大貳死刑，右門磔刑。

的牽連而被處刑。此外，尚齋的門弟留守希齋在大阪宣傳退溪學的同時也把尚齋學傳給了桑原典靖；而另一門弟宮地靜軒則在四國土佐（現在的高知縣）傳播尚齋學，至明治初期趨於鼎盛。有關這兩位弟子的情況，下章再作詳述。

第十四章　李退溪和尚齋學派

　　李退溪（1501～1570年）和李粟谷（1536～1584年）一樣是朝鮮具有代表性的大儒，而且在中國、日本等國的程朱學派的儒者中，李退溪也稱得上是第一流的朱子學者。現在，退溪學已超出了大韓民國的範圍而影響到世界各國。這一具有世界意義的學說，通過藤原惺窩、林羅山、山崎闇齋等儒者而傳播到日本。三宅尚齋的恩師闇齋的思想曾受到李退溪的強烈影響，他幾乎通讀了李退溪的所有著作，並把退溪學說比喻爲眞劍，認爲退溪是朱子以後的第一人，是毫不遜色於朱子高弟的朝鮮大儒。據尚齋說，闇齋精讀退溪的《自省錄》，就如讀明代薛敬軒（1389～1464年）的《讀書錄》、胡敬齋（1434～1484年）的《居業錄》一樣，花了好多年時間（《尚齋先生雜談錄》）。

　　在闇齋的三大弟子中，佐藤直方及其門流被公認爲是受退溪學影響最大並且與退溪學最有共鳴的學派。比如直方著的《多至文》、《直方學話》以及門人爲此寫的序文等都是有關退溪學的著作。直方弟子稻葉迂齋系統的學者，直到明治維新初期仍每年堅持通讀《多至文》（阿部吉雄《日本的朱子學與朝鮮》）。而淺見絅齋派的學者，儘管沒有達到直方派那樣如饑似渴的程度，但與退溪學仍有許多共鳴，因而反覆講習了退溪的《朱子行狀》一書。與這兩位師兄相比，尚齋是較少言及退溪學的，只不過寫過一本叫作《朱子書節要拔粹》的書（同上書）。但是，據阿部吉

雄博士說，活躍於江戶末期到明治初期的楠本端山和楠本碩水倒
很推崇李退溪，正是他們兄弟倆集成了崎門學。而端山、碩水又
屬於三宅尚齋的系統（參見岡田武彥《楠本端山》），所以退溪
學與尚齋學是不無關係的。

　　筆者在本章中試圖闡明的問題是：三宅尚齋的著作告訴我
們，尚齋與李退溪具有相當深的聯繫；爲直方學統的發展作出過
重要貢獻的直方三弟子之一稻葉迂齋，成爲尚齋的弟子後而深受
退溪學的影響；在尚齋的門流中，也有像楠本端山、楠本碩水那
樣深受退溪學影響的學者。

　　李退溪爲了革新士風而一心致力於書院敎育。晚年他就任大
提學、知經筵後仍上疏事務六條，爲經世濟民而奔走呼號。他不
僅是一位傑出的敎育、政治等方面的實踐家，而且是一位性格仁
厚謙遜、喜好山林靜謐的氣宇雄大的學者（《退溪先生年譜》）。
猶如前述，山崎闇齋的學規很嚴；絅齋也不亞於其師，處事嚴
格；直方的稟性雖宏闊穎悟（《默識錄》），但仍充滿激烈的氣
質，以至因與闇齋、絅齋觀點相背而毅然絕交。而尚齋在闇齋門
下可以說比同輩任何人都顯得可愛，這也許是其性格和人品所決
定的。前面已說過，尚齋移居京都以後（五十七歲左右），每年
都要帶門人宮地靜軒、味池儀平（修居）等人去東山的靈山、黑
谷及吉田山遊學，並在靈山的權阿彌住宿,向弟子講解《易傳》、
《論語》等典籍。我以爲，正是由於尚齋的獨特性格、人品以及
郊外山林的靜謐生活，才使得他比闇齋、絅齋、直方更接近於李
退溪。

　　由於尚齋活到八十歲，所以著作相當多。以九州大學爲首的
各大學圖書館、研究室以及宮崎縣高鍋町町立高鍋圖書館和各地

的圖書館存有不少尚齋的著作，其中包括尚齋記述李退溪事跡的
作品。在筆者所閱讀過的尚齋的作品中，有關李退溪的有以下這
些作品（表中所列包括作品中涉及李退溪的次數、作品的寫作年
代以及作者的年齡）：

〈默識錄序〉　　一處　正德五年　五十四歲

《尚齋先生雜談錄》上　二處　享保八年至享保十四年

《大學筆記》　三處　不明

《朱易衍義筆記》　七處　享保十五年　六十九歲

《尚齋先生雜談錄》下　一處　元文四年　七十八歲

《論語筆記》　二處　不明

《朱子書節要拔粹》

　　雖然《朱子書節要拔粹》的寫作年代不明，但阿部吉雄博士
的《日本朱子學與朝鮮》一書中有這樣一段話：「崎門三傑之一
的三宅尚齋雖然最少言及李退溪，但卻著有《朱子書節要拔粹》
一書。」由此可以推斷，《朱子書節要》的拔粹本是作為教科書而
流行於尚齋學派內的。《論語筆記》和《大學筆記》的寫作年代
也不清楚，但享保十二年尚齋六十六歲時作過《大學續筆記》，
因此《大學筆記》我以為是在享保十二年以前寫的。

　　尚齋曾在《默識錄序》裏說過：要對薛敬軒的《讀書錄》、
胡敬齋的《居業錄》和李退溪的《自省錄》三本書「深求詳察，
仁義忠信，不離乎心」。在《論語筆記》裏他又認為：對《論
語‧雍也篇》的「知者樂水，仁者樂山」章解釋最好的是李退溪
的〈答權生好文論樂山樂水〉（載《自省錄》）篇，篇中「李退

溪說此章詳矣」。此外，針對《論語・述而篇》的「子食於有喪者之側，未嘗飽也」章的各家解釋，尚齋在《論語筆記》裏說：「李退溪以蘇爲是，薛文清爲不是。」「蘇」即蘇軾（東坡）。北宋時代，司馬溫公去世後，程子爲朝賀而不去參加溫公的祭喪日，故東坡批評了程子。後世儒者則對東坡的批評意見不一。而尚齋與李退溪一樣，站在蘇東坡的一邊。

在《大學筆記》裏，尚齋共有三處談到李退溪。一是在論及「大學之書，一言不及乎法度之設、政事之施者」時引用了退溪的話：「退溪李氏謂：夫子嘗曰，道千乘之國……龜山以爲此特論其所存而已，未及乎爲政。然愚以《大學》一書爲存心出治之本而未及乎制度文章者，豈爲無稽之言乎。」二是一言不漏地引用了李退溪《自省錄・重答黃仲舉》文中的語句。三是注「程子曰：親當作新」（《大學章句》）句謂：「退溪李氏亦謂：《大學》之書，未及乎爲政」；又注「所厚謂家也」（同上書）句謂：「山崎先生曰：李退溪謂，前章以本末對始終而言，至於此則對厚薄而言，云云」；前者直接言及了李退溪的《大學》解，而後者則轉引闇齋的話，間接言及了退溪的《大學》解。

《朱易衍義筆記》涉及李退溪的內容要比尚齋的其他作品都多，共有七處。因這七處內容都與稻葉迂齋有關，故放到後面再說。

尚齋去世前兩年，對李退溪作過這樣的評價：

先生曰：然。《東萊集》所云皆「仁之教」，而無吟味也。朝鮮李退溪乃卓越超羣之人，然因生在片隅之國，故難以成爲最傑出的人。一般來說，薛文清公以及朱門的黃勉齋可以稱得上是最傑出的人。（《尚齋先生雜談錄》）

晚年的尚齋雖對李退溪有較高評價，認爲退溪是「卓越超羣之人」，但又基於呂東萊的立場，只因退溪生於周邊之國而認爲他「非最傑出的人」。爲什麼尚齋會有這種看法呢？如前所述，因爲他是以自己國家日本爲偏國而以中國文化爲本位文化的中華中心論者。

稻葉迂齋（1684～1760年），貞享元年生於江戶麻布六本木，佐倉藩士稻葉正則的第三子。元祿九年，十三歲，就學於尚齋門人三木信成；十五歲，與尚齋會面，遂立志從學於尚齋。十六歲，行成人禮，隨赤井正義研學《近思錄》和《大學章句》；翌年十七歲，從佐藤直方那裏得知，聖學的道統存在於周子、程子、張子和朱子之過程中（《道學淵源錄》）。元祿十二年，迂齋十六歲，作尚齋《大學傳五章》的講義筆記；寶永四年，母死服心喪三年；同年夏，應戶田靭貞（後若狹守）之邀，爲靭貞家臣講學。迂齋雖曾師事過佐藤直方，但對尚齋的感情更深、交友更親，從學尚齋而裨益更多。

前面已說過，尚齋被忍藩主阿部正喬下獄前，曾對來訪的迂齋說：自己的存養工夫作的很不夠，而與自己同罪的宮部豐重（忍藩士），儘管學問並不怎樣，但居然不爲外界事物所心動，可見其存養工夫之深。這種「存養」工夫，不僅其先師闇齋重視，李退溪也很重視。不過闇齋與李退溪仍有不同處。在《近思錄序》裏闇齋說過：「夫學之道，在致知力行之二，而存養則貫其二者也。」岡田武彥博士在〈楠門學與李退溪〉（載《江戶期的儒學》）一文中比較了闇齋與退溪的異同：

　　　　存養乃致知力行之根本，兩者雖都爲闇齋所提倡，但不能不看到闇齋仍有偏重力行的傾向。所以他儘管主張敬之存

養貫穿致知力行二者，但由於擔心專念於心的覺醒而陷於佛老之虛無，故特强調「敬身」（亦卽修身）。……然而退溪則只注重內面的工夫。

尚齋的存養工夫論無疑是受到退溪、闇齋影響的。迂齋曾對尚齋說，自己就職後經常擔心不能勝任新的工作，故放棄了結婚的念頭。但尚齋認爲，夫婦之道是人倫大綱。他教諭說（「先生聞之大訶曰」）：

> 夫婦者人倫大綱。今人以妻爲玩好長物底看，故有此說。貧者士之常，己束薪，妻炊飯，足矣，何復多慮。（《迂齋學話》，載《道學淵源錄》）

尚齋所教給迂齋的「夫婦者人倫大綱」的觀點，在《李退溪書抄》卷十中也能找到。退溪說過：

> 孔子曰：有天地然後有萬物，有萬物然後有夫婦，有夫婦然後有父子，有父子然後有君臣，有君臣然後禮義有所措。……以不失夫婦之道，則大倫不至於斁毀。

尚齋定居京都的第二年，卽正德元年，迂齋二十七歲，上京再會晤尚齋，同時也會晤了絅齋。正德五年，迂齋轉而仕事唐津侯土井利實。享保二年，三十三歲的迂齋再次上京，聆聽尚齋的《朱易衍義》、《易學啟蒙》、《周易本義》的講演。尚齋從享保十年到十五年間寫了《朱易衍義筆記》，在這本筆記中共有七處涉及到李退溪有關朱子易說的內容。李退溪的《易學啟蒙傳疑‧第一》中有「朱子董氏二說不同圖，朱子謂：陰交陽而生陰……

然陰生陰，陽生陽則同個一段話，尚齋全文引用，只是用「退溪李氏曰」代替了「朱子董氏二說不同圖」一語：「退溪李氏曰：朱子謂：陰交陽而生陰，……然陰生陰，陽生陽則同。」在《易學啓蒙傳疑·第四》中又有「滉（退溪）每讀啓蒙，至四爻五爻、變以不變爻占之說，竊疑云云」一段話，尚齋的《朱易衍義筆記》只引用了「李退溪曰：滉每讀啓蒙云云」數語。有關退溪讀《啓蒙》（即《易學啓蒙》）的事情也可參見《李退溪書抄》卷一。例如退溪五十八歲（庚申年）時，曾答覆盧伊齋說：「曾讀啓蒙而遇有所得云云。」

此外，在《朱易衍義筆記》中還有五處言及退溪：「按，退溪謂，晦庵主理云云。」「引退溪之說云云。」「退溪謂，慮天未弊云云。」「李退溪曰：滉云云。」「胡玉齋、李退溪已作之圖。」

如前所述，迂齋在崎門學派中，雖屬直方門下的中心人物，但卻從尚齋那裏受到了「存養論」、「夫婦之道」、《易學啓蒙》等多方面的敎誨。而且被記載在《迂齋學話》中的「存養論」、「夫婦之道」連同對《易學啓蒙》一書的認識，又無不建立在李退溪思想的影響之上。享保四年（迂齋三十六歲，尚齋五十八歲），直方在江戶去世。直方死後十六年即享保十八年，迂齋復上京，向尚齋求敎《大學章句》。元文四年，即尚齋去世前一年，迂齋有幸再度見到尚齋，並聆聽了《中庸·鬼神章》的講演。這就是說，被譽爲直方三大高足弟子之一的迂齋，從十三歲開始到五十七歲爲止，一直受到了尚齋學問思想的影響，並且通過尚齋接觸到了李退溪的學術思想。

三宅尚齋比直方、絅齋長壽，而且直方、絅齋學規嚴格，反之，尚齋則天資溫厚篤實，態度柔和懇切，師徒間關係和睦，對

弟子誨之不倦、有問必答，故門人輩出、弟子衆多。

留守希齋（1705～1765 年），名友信，字希賢，仙臺人。師事三宅尚齋，講程朱之學於大阪。拒絕出仕，行醫爲生。希齋認爲，朱子以後體悟「道」者，唯薛文清、胡敬齋及朝鮮的李退溪，並把《自省錄》、《讀書錄》、《居業錄》稱爲「吾黨（指尚齋學門）三錄」（《與製述官朴學士書》）。他在給朝鮮矩軒朴公（製述官朴學士）的信中說：「三宅先生乃僕所師事也。」（同上）在致朝鮮濟庵李書記的信中又說：明朝儒學之書傳來日本的可謂汗牛充棟、不勝枚舉，但傳來後爲我所用的卻幾乎沒有。他還例舉了朝鮮的儒學家：退溪先生之前有趙靜庵、金寒暄、鄭一蠹、李晦齋；之後有鄭寒岡、李栗谷、成牛溪、尹明齋；「此諸先生，竝倡明道學，著龜於國，表準於世」（《與濟庵李書記書》）。他尊稱李退溪及其他朝鮮儒者爲「先生」，並對朝鮮儒者倡明道學的做法給予了高度評價。在致海皐李書記的書信中，他又讚揚了朝鮮道學大開，禮義盛行的興旺景象。

希齋不僅研學了退溪學，而且十分推崇退溪先生及其他朝鮮儒者。尚齋曾告訴他要注意對《朱易衍義筆記》的研究，「敬勿爲漫出」。故希齋於享保十六年（1731年）六月八日在京都的柳馬場客舍整理了尚齋的《朱易衍義筆記》。當時希齋才二十七歲，而尚齋已七十歲。尚齋的名著《狼疐錄》能夠傳於後世，爲後人所誦讀，其中也有希齋的一份功勞。據《道學淵源錄》記載：

> 翁（多田維則）又曰：先生血書，竝一鐵釘，及先生父子神主二位、埋之墓所也。無何有夜中發冢奪之者。石王康助大怒，謀訴於官。順利曰：是必浪華希齋所爲。渠本出於一時奮激不可已之善心，而爲此妄舉，何必罪之，無問

而可也。於是終止，果布齋也。（〈尚齋先生實記〉）

　　蟹養齋（1705～1778 年），名維安，字子定，號子磋，廣島縣安藝人（一說德島縣阿波人）。六歲赴愛知縣尾張，由布施氏養育成人。三十一歲前往京都受教於三宅尚齋，後以尾張藩儒臣身分講學於藩校明倫堂。養齋基於崎門學而信奉朱子學，排斥徂徠學。當尚齋在京都設立培根達支堂，傳播程朱學說，致力於廣泛的庶民教育時，作爲五舍長之一的養齋與久米順利、多田維則、石王當先（康助）、井澤剛中一起輔佐了尚齋。後來養齋又向中村習齋傳授了尚齋學，而習齋又將尚齋學傳給了深田香實，香實傳給細野要齋，直至明治時代，使尾張的尚齋學持續不斷。其中中村習齋和細野要齋還是李退溪《西銘考證講義》的手批者。後細野要齋手批的《西銘考證講義》本被收入《日本刻版李退溪全集》（上)中。

　　宮地靜軒（1674～1753 年），名介行，號介直等，高知縣土佐人，早年隨山崎闇齋高弟谷秦山研修程朱之學。後就學於緒方默堂和伊藤東涯。最後師事尚齋，仕事土佐藩。尚齋學在土佐的發展脈絡是：由宮地靜軒傳給植木惺齋和富永懸河，懸河傳給恩田敬休，敬休傳給山本日下，再由日下傳於子山本霞嶽，霞嶽傳給山本澹齋，直至明治初期。植木惺齋輯有李退溪輯注的《朱子行狀》手批本。該手批本後被收入《日本刻版李退溪全集》（上）中。

　　山宮雪樓（生卒年不詳），名維深，字仲淵，江戶人。早年就學於室鳩巢門下，後在京都師事三宅尚齋，改修崎門學，仕事川越藩主松平大和守，因意見不合而辭職離藩，途中被盜賊殺害。

雪樓著有《三宅尚齋小傳》。他在《薫風編》中說自己「唯知朱夫子、薛文清及貴國退溪李氏之書，知遵山崎先生、尚齋先生之遺訓而已」。尚齋的弟子村士淡齋之子村士玉水，起初師事山宮雪樓，後入稻葉迂齋之門。如前所述，迂齋雖係佐藤直方的三大弟子之一，爲直方派的主要人物，但卻從尚齋研修退溪學。師事迂齋的村士玉水，把崎門學、退溪學傳給了服部粟齋和岡田寒泉。玉水還編纂了《李退溪書抄》，死後三十年，經寒泉努力，才得以刊行於世。服部粟齋的父親服部梅甫曾就學於尚齋，並在居住於攝津洪村（今大阪府池田市、豐中市）的飯野侯門下爲官，推行實踐躬行之學。至於岡田寒泉，起初曾向尚齋的弟子村士淡齋研習兵法，後來才從學於淡齋之子村士玉水（近藤春雄〈岡田寒泉〉，載《日本漢文學大辭典》）。

總而言之，三宅尚齋對退溪之思想學問的信奉程度，大概決不亞於其師闇齋以及其師兄直方和絅齋。而且就是在尚齋門下，也有以楠本端山、楠本碩水爲代表的許多傾慕退溪學並受其思想學問影響的學者。但在直方門人渡邊豫齋的《吾學源流》中，有所謂尚齋不如直方有見識，因爲尚齋對李退溪知之甚少的記載：「尚齋之見，所以不及佐藤子者，知李退溪淺矣。……尚齋之以平平視退溪，佐藤子以平平視薛文清也。」渡邊豫齋是稻葉迂齋之子默齋、手塚坦齋、藤田畏齋之學統的繼承者，就是說他是直方派的人物。因此他對尚齋和直方所作的比較評價，除了妄說謬見之外大概不會有什麼新東西。

在尚齋門下，也湧現出像其他崎門學派的學者那樣的，爲了日本近代化的奠基而奔走國事，甚至獻出生命的勇士。例如，屬於尚齋門弟久米訂齋之系的小笠原敬齋和橋本左內，爲了理想

而獻出了自己的生命；而月田蒙齋則奮鬪到明治新時代來臨的前三年（元治元年，1864 年），楠本端山奮鬪到明治初年，其弟碩水奮鬪到大正初年。這些人的一生剛正不阿，不爲名利所惑，堅持自己的信仰，直至生命的最後一刻。其中又數端山和碩水兄弟倆最具代表性。究竟是什麼力量使得這些人如此奮不顧身的呢？我想不外乎是尚齋所繼承的並構成尚齋學之內核的程朱之學、李退溪之敎以及闇齋之儒學精神綿綿不斷、代代相傳的緣故。

第十五章　楠本端山和尙齋

　　楠本端山（1828~1883 年），名確藏，又名後覺，字伯曉，
通稱定大夫， 文政十一年出生在肥前國針尾島 （現在長崎縣佐
世保市）。楠本家代代務農， 祖父宣惠時， 出仕平戶藩， 任馬
廻（護衞大將騎馬的武士）。父養齋係祖父宣惠的小兒子，端山
是養齋的長子 。 除碩水外，端山還有三個弟弟。天保十三年，
十三歲的端山携幼弟們就學於鄉師，積極地致力於傳統文化的學
習。當然，在這以前，端山也拜師問學過，比如他九歲開始學習
古籍的句讀，十一歲時學習「四書」。但眞正致力於學問則是從
十三歲開始的。十五歲他向平戶的佐佐鵲巢學習詩文的寫作法，
二十四歲從學於江戶的佐藤一齋。他去江戶求學，乃是經過平戶
藩家老葉山鎧軒的推薦，並得到藩主特許的。弘化三年，端山十
九歲，出任平戶藩計司官。嘉永元年，端山二十一歲，向藩主提
出周遊列藩的請求，獲准，遂遊學並拜訪了豐後的廣瀨淡窗、筑
前的吉田平陽、肥前佐賀的草場佩川等學者，從而使之有機會接
觸到各種學風和流派。不過，給予端山影響最大的則要算吉村秋陽
和大橋訥庵。端山赴江戶入塾佐藤一齋那年，曾聆聽了有關秋陽
性命之學的講演，推崇備致。第二年，二十五歲的端山在聆聽了
訥庵的講演後也感激不已。端山的《學習錄》就是該年撰寫的。
該書是作者有感於訥庵的講義，靜坐一夜，對程有道所謂的「滿
腔子惻隱之心」有了大悟，從而決心「痛絕邇來舊習」，致得吾

心的記錄（岡田武彥《楠本端山》略年譜）。幕藩體制卽將崩潰之際，端山根據藩命實施學制改革，並針對急劇變化的時局，直陳諫言十事，成爲平戶藩主最信賴的人。明治維新之際，他又就藩內的學校改革上書平戶公。明治二年末，出任權大參事，參與藩政。晚年設立「猶興書院」（明治十三年），去世前又與弟碩水在故鄉針尾島創建「鳳鳴書院」（明治十五年）。明治新政府建立後，端山因擔憂政事，特呈二書給擔任參議的南洲西鄉隆盛，其中第一書中提出了作爲治敎之「大本」的十件事：「一，君主正心；二，選拔輔弼之臣；……八，愼重對外交際；九，國土兵備充實；十，財政豐裕。」並告訴南洲，若上述這些具體的方針政策有誤，任何危險的事態都可能發生。在端山的門人中，雖有主張「征韓論」，並參加明治十年的西南戰役的人，但端山卻對「征韓論」持反對態度。明治八年，島津久光對不稱職的太政大臣三條實美提出彈劾，結果受到三條實美的罷免。對此，端山上書元老院，責斥太政大臣三條的失體，要求恢復久光的職務。縱然端山的一些正確主張不能付諸實踐，但他仍然是在明治以後日本的近代歷史上不可忽視的偉大人物。

從嘉永五年（1852年）開始，一直到以後很久，端山都始終受到程朱之學的影響。但在江戶滯在期間，當時來訪的金子霜山曾告誡他，學問應以動察爲旨❶，而他則堅持了以下兩點立場：第一、以主靜存養爲學之本，以動察之學爲非；第二、窮理之學，重要的是領悟理乃一理的原則（參見岡田武彥《楠本端山》）。金子霜山是安藝國廣島淺野藩的儒臣，屬於山崎闇齋的弟子植田

---

❶　心情之動時，卽喜怒哀樂之情已動時，可察知天理（性）也。

艮背的門流。因此，端山接觸崎門學當是從與金子霜山的會晤開始的。端山對尚齋之崎門學的傾心和信奉，據岡田武彥博士所著的《楠本端山》說，是萬延元年（1860年）卽端山三十三歲時，私塾一齋的碩水從江戶返回故鄉平戶以後開始的。另外，也是由於碩水、松陽及端山弟子們訪問或就學於蒙齋門下，才使得端山了解了蒙齋之學，並轉而信奉三宅尚齋之門流月田蒙齋的。

　　從幕末到明治，就學問的深潛縝密而言，可以說端山之學是最傑出的。端山之學的深潛縝密之處，就在於他的智藏說。端山的智藏說，我們已說過，來源於尚齋。而尚齋的智藏說，則是通過其門弟久米訂齋，並經過宇井默齋、千手廉齋、千手旭山以及月田蒙齋再傳到楠本端山的。關於久米訂齋的智藏說，我想附帶說幾句。

　　訂齋著有《學思錄鈔》，其中卷一講的就是朱子的智藏說。《道學淵源錄》中有關久米訂齋的智藏說有如下記載：

> 訂齋先生讀智藏說、筆記說，呈尚翁曰：夫知藏而無迹者，道體之妙也。蓋冬終於春夏秋而無迹，始於生長收而不易。水湛而為淵卽不測，流而為川卽不息也。著其自然之法象如此。而在人者，心藏理甚妙矣。宰事而不窮矣。故可因無迹而觀太極之秘，因往而知來，以觀無極之真矣。自此推之，則是非存於智，而吉凶於知也。則卜筮之精微，亦不外於是。且祖考之理藏精，而來格之實著神。

在訂齋看來，從智藏說出發，則心能藏理，能窮太極，甚至能卜筮而知吉凶，能達祖考來格。尚齋對於訂齋的這種見解有以下評

論：

> 尚齋先生曰：精神是陰陽也（陰精陽神）。神以藏往，神
> 以知來者，陰陽之用也。天地間莫所不有陰陽，則精神亦
> 莫所適而不存也。豈止人哉？以我精所藏之理，求之於天
> 地之精，則感召來格也必矣。而精之所藏，求而感者，皆
> 不可以見也。此謂之智藏之無迹（《道學淵源錄·尚齋先
> 生門人》）。

從這段尚齋答覆訂齋的話中可以看出，「知藏而無迹」的意思，就是基於內在於人心中的「理」，用「感召來格」之手段，求得天地。

另外，在訂齋的《學思錄鈔》以及他的另一部著作《晚年謾錄鈔》中，也有「知」能分別是非；「心」是神明而主宰萬物，且微妙而無迹等論述。一般來說，訂齋的這些思想與尚齋「精神是陰陽也。精以藏往，神以知來者……而精之所藏，求而感者，皆不可以見也。此謂之智藏之無迹也」的教誨是一脈相承的。

尚齋的智藏說，從幕末到明治維新，由楠本端山作為體認之學的基本內核而進行了探究。岡田武彥博士在其所著的《山崎闇齋》一書中指出：

> 對於智藏問題，崎門中要算尚齋最為重視。尚齋的門人久
> 米訂齋在其所著的《學思錄鈔》（卷一）裏，也有關於朱
> 子智藏說的解說。尚齋派的儒者活躍於幕末、明治時代的
> 有平戶藩儒楠本端山、楠本碩水兄弟等，其中端山對智藏

問題特別關心。端山中年以後傾倒於崎門的朱子學者，到了晚年，便專事崎門學，並契合於智藏思想了。端山認為，《易》之「太極」的「藏往知來」，《中庸》的「天命之性」、「未發之中」，周濂溪所謂的「無極之真」、「主靜立極」，邵康節所謂的「無極」，程子所謂的「沖漠無朕」，李延平所謂的「未發之氣象」，說的都是智藏問題，他們的思想方法，無不是把智藏當作形而上的宇宙之實在。

　　楠本端山二十六歲（嘉永五年，1853年）時，基於靜坐工夫而悟得「仁」之體，自此以後他把自己的學習心得都記錄下來，輯成《學習錄》上、下兩卷（由五百三十五條心得組成。幾乎全是二十六歲至三十四歲時的心得，四十四歲至五十四歲的記錄是空白，五十五歲以後的不過九條）。

　　端山領悟智藏說，據說是癸亥（文久三年，1863年）晚秋某一夜的工夫。《學習錄》下（《端山先生遺書》卷六）中有這樣一段記載：「尚齋先生云：『心是火也，知是火中黑暗處，陽中之陰也。衆理藏於其黑中。』一夜讀此語，有所省焉。癸亥晚秋夜，直燈下識。」可見，端山是讀了三宅尚齋的《智藏》一書後才傾心於智藏說的。當時端山已三十六歲。端山在同書中又說：「敬心之貞，蓋敬則此心立而知明焉。故曰：涵養須用敬，進學則在致知。敬義夾持之妙，可默識矣。」進而他基於朱子的智藏說，指出：「知屬冬，屬貞。其體寂然藏往矣，其用則運用發動，而有知來之妙。蓋亦萬物之所終始歟。」作者把「智」比喻爲一年四季的收藏季節冬季，還把「智」定義爲《易經・乾卦》所謂的「元亨利貞」四德的「貞」，因其體寂靜而藏往，故而能預知

未來。在端山的這段文字中，不僅融合了朱子和三宅尚齋的智藏
說，而且吸收了張子的「虛靜」思想。僅從這段話中，我們也能
看出端山是如何努力承繼、體認朱子、張子、闇齋、尚齋等的智
藏說的。另外，端山在《學習錄》（下）中還有所謂「理也，知
也，非別物……」；「蓋離心而無知，離物而無理。心卽物而知
理之所藏……」等論述，強調「知」與「理」是一體的。這些思
想不正是來源於尚齋的「萬物備於我，而知則運用其理……」
（《默識錄·卷三·爲學一》）以及「萬物之理備於一心，是心之
妙理雖散在於萬物，然湊合於我心」（同上）等「智藏論」的嗎？

　　上述有關端山的智藏說，雖然只是其全部思想的一小部分，
但也能察知他是如何從尚齋思想尤其是其智藏說中吸取養料的。
端山在三十六歲時已領悟了「智藏說」，但眞正感得「智藏」之
「有味」則是在五十五歲那年（翌年三月十八日去世）。故《學
習錄》（下）有「智藏之有味，頗有所契焉。壬午之春」之記載。
壬午卽明治十五年（1883年）。

　　最能代表端山晚年之思想境界的，是「智藏之無迹，冬收之
至寂，無聲無臭之全體，活潑潑地」（《學習錄》下）這段話。
對此，端山的令孫楠本正繼博士解釋說：

　　　人之智慧越深邃，便越不留痕迹。冬季正好是收藏萬物、
　　反歸寂靜的季節。此乃所謂無聲無臭之人心眞面目、宇宙
　　之絕對性、生天地萬物之心也。全體之心寂靜而包含無限
　　之動，惟立足於內在之工夫，方能知其眞義，卽復歸生生
　　不已、生天地萬物的心。基於靜坐的深智之涵養，其作用
　　不外乎此。（轉引自岡田武彥《楠本端山》）

略 年 譜

寬文二年（1662年），正月四日，生於播州明石（今兵庫縣明石市），幼名小次郎。父平出重直，明石藩士。

延寶六年（1678年），十七歲，父卒。

延寶七年（1679年），十八歲，遵父之遺命，赴京都學醫，號平出友益。

延寶八年（1680年），十九歲，棄醫從學於山崎闇齋。改姓父之舊姓三宅，號雲八郎，後稱儀平。

天和二年（1682年），二十一歲，師山崎闇齋去世。

貞享二年（1685年），二十四歲，因藩主轉封，隨兄移居下總古河（今茨城縣）。

貞享三年（1686年），二十五歲，次兄重清去世，赴故鄉奔喪。夏，與母親及弟雨八郎一起赴江戶，住戶田孫三郎光澄（美濃加納藩的分家）的邸內。暫借市內房一處教授子弟。著《大學劄記》。

貞享四年（1687年），二十六歲，著《鬼神來格辨》。

元祿二年（1689年），二十八歲，著《拘幽操筆記》。

元祿三年（1690年），二十九歲，仕事武藏國忍藩主阿部豐後守正武，爲近習兼學事，扶持二十五人。著《愼術說》。

元祿五年（1692年），三十一歲，娶妻田代氏（忍藩士田代源右衞門信安之次女，名久米）。母吉田氏去世。

元祿六年（1693年），三十二歲，爲淺見絅齋的《養子辨證》作序，卽《氏族辨證附錄》。

元祿七年（1694年），三十三歲，應五代將軍德川綱吉之邀，講解《論語‧學而》第一章，將軍感佩，予以嘉獎。

元祿九年（1696年），三十五歲，長姐自閑因病死於尚齋家。自閑於元祿六年因古河藩主除封而率全家寄身尚齋處。爲阿部豐後守正武之世子正喬敎授經書。十二月移居麻生別邸。

元祿十年（1697年），三十六歲，著《座右箴》。時值幕府頒布「生類憐憫令」引起諸多不滿，尚齋力諫阿部正武，正武不聽。

元祿十一年（1698年），三十七歲，妻田代氏去世。提出辭職，不允，昇給人，祿一百三十石，不得已出仕。

元祿十二年（1699年），三十八歲，祭喪前妻一年。二月二十四日娶前妻妹田代淸爲妻。著《大學傳五章講義》（稻葉迂齋筆錄）。

元祿十三年（1700年），三十九歲，幕府命忍藩主爲日光東照宮代拜。尚齋從事舍館業務。

元祿十五年（1702年），四十一歲，長子重德（一平）出生。十二月十五日，大石內藏助等赤穗浪士討伐吉良上野介義央。

元祿十六年（1703年），四十二歲，爲忍藩主世子正喬的侍講。又提出辭呈，不允。

寶永元年（1704年），四十三歲，藩主阿部正武去世，世子正喬繼位。尚齋因意見不合，借病致仕，不允。

寶永二年（1705年），四十四歲，忍藩主奉幕府之命修造增上寺淸楊公之廟，讓尚齋出任出納和監督。

寶永三年（1706年），四十五歲，長女佐與出生。托病致仕。

寶永四年（1707年），四十六歲，著《白雀錄》。五月被捕於江戶屋敷，入忍城監獄。其妻兒寄住於妻兄田代太兵衞寓所。

寶永五年（1708年），四十七歲，在獄中著《祭祀來格說》，翌年著《狼疐錄》。

寶永六年（1709年），四十八歲，正月將軍綱吉死去，尙齋出獄。二月寄住弟直經（雨八郎）寓所，三月移居江戶本所相生町。被禁止往來於忍城和江戶，改姓母親本家姓，號吉田三左衞門。

寶永七年（1710年），四十九歲，四月去京都，七月歸宅，八月次女久出生於相生町。十月率家族移住京都，號高尙，後聽從淺見絧齋之勸改號尙齋。

正德元年（1711年），五十歲，著《爲學要說》和《敬齋箴筆記》。一月淺見絧齋去世（享年六十歲）。

正德二年（1712年），五十一歲，著《同姓爲後稱呼說》。

正德三年（1713年），五十二歲，六月三女留出生。著《易學啓蒙筆記》（享保十五年續補）。

正德四年（1714年），五十三歲，著《洪範全書續錄》（享保十八年續補）。

正德五年（1715年），五十四歲，執筆《默識錄》。爲忍藩士，佩帶雙刀，改號丹治。妻田代氏去世。

享保二年（1717年），五十六歲，前藩主忍侯爲尙齋恢復名譽。經直方推薦，唐津侯欲招尙齋，不應。

享保三年（1718年），五十七歲，長子重德十七歲，行元服禮。著《湯武論》、《答鈴木氏太極說》。

享保四年（1719年），五十八歲，五月使重德赴江戶師事佐藤直方。七月二姐（嫁播州三木郡竹原村之隱士岩崎氏爲妻）去世。八月佐藤直方去世。

享保五年（1720年），五十九歲，水戶幼君的輔佐官望月五郎衞門欲招尚齋爲幼君師，後因望月氏去世而未實現。十二月高知藩老臣山內規重多次派人招聘尚齋，但均被婉言謝絕。

享保六年（1721年），六十歲，被山內規重的誠懇和人品所感動，四月由京都赴江戶上任，途中會晤了伊勢長嶋侯河內守增山正任，相互切磋學問。講學於江戶高知藩邸。土佐侯向尚齋求教《大學》。山內規重以下眾多家臣入門就學。八月山內規重去世。十一月返回京都。後弟子逐日增多。重德仕事佐竹侯。

享保七年（1722年），六十一歲，正月訪竹原的岩崎家。三月向土佐侯提出辭呈。長女嫁於石井氏。八月應佐竹侯的招聘抵江戶，住在長子重德的寓宅。著《白鹿洞書院揭示》、《尚齋先生雜談錄》（筆錄者久米訂齋，記錄了尚齋六十一歲至七十七歲的部分談話內容）和《大學補傳筆記》。

享保八年（1723年），六十二歲，二月回京都，住八條殿坊。四月至九月訪江戶的重德宅邸。

享保九年（1724年），六十三歲，重德因病歸京都。正月長女佐與再嫁新海氏。

享保十年（1725年），六十四歲，次女久嫁於九鬼主殿。

享保十一年（1726年），六十五歲，著《家禮筆記》和《潔靜精微說》。在大阪設立懷德堂。

享保十二年（1727年），六十六歲，著《易經本義筆記》。

享保十三年（1728年），六十七歲，遷居衣棚下立賣。三女留

嫁予久米訂齋，改名丹羽。著《小學筆記》。

享保十四年（1729年），六十八歲，著《智藏說》、《讀近思錄筆記》（元文二年補記）和《體用顯微考》。

享保十五年（1730年），六十九歲，長島侯接受尚齋的建議，建立社倉。十二月前君忍侯遣返家臣，懇請尚齋重訪藩邸。著《孝經筆記》（又稱《孝經刊誤筆記》）、《讀愛蓮說口義評》、《白鹿洞揭示筆記》（元文五年補記）和《朱易衍義筆記》（爲舊稿之重編）。

享保十六年（1731年），七十歲，九月十七日開祭祀來格說講座。著《續西銘筆記》和《大學尚齋先生講義》（北澤遜齋筆錄）。

享保十七年（1732年），七十一歲，三月長子重德去世。遷居下立賣小川西坊。十月三女丹羽（原名留）去世。

享保十八年（1733年），七十二歲，建「培根達支堂」於西洞院和下立賣處。著《培根達支堂記》和《大學章句筆記》。八月次女久再嫁松下曰向重任。

享保十九年（1734年），七十三歲，著《太極圖說筆記》、《太極圖說講義》（山本尚于筆錄）和《中庸章句筆記》。

享保二十年（1735年），七十四歲，京都所司代土岐丹後守賴稔，送厚禮請求會面，以共商時事。五月土佐侯山內豐敷特前來問安，並贈予時服。

元文元年（1736年），七十五歲，三月赴江戶，爲答謝前君忍藩主赦命之恩，重返藩邸。藩主賜饗，絹二匹。

元文三年（1737年），七十六歲，著《立不中門說》。

元文四年（1738年），七十七歲，著《中庸章句續筆記》。

《默識錄》可能也是該年完成的。

元文五年（1740年），七十九歲，六月腹脹痛，得浮腫病。著《朱子論語註收伯玉不對面出之事說》、《性論明備錄筆記》和《論沖漠無朕條》。

寬保元年（1741年），八十歲，正月二十九日病逝入殮，葬新黑谷紫雲山，墓題「三宅尚齋先生之墓」。

尚齋的著述

(一)著作:

1. 《大學劄記》(貞享三年)

2. 《鬼神來格辨》(貞享四年)

3. 《拘幽操筆記》(元祿二年)

4. 《愼術說》(元祿三年)

5. *《土不可以不弘毅章講義》(元祿五年)

6. 《氏族辨證附錄》(元祿六年)

7. 《座右箴》(元祿十年)

8. *《大學傳五章講義》(元祿十二年)

9. 《白雀錄》(寶永四年)

10. 《祭祀來格說》(寶永五、六年)

11. 《狼疐錄》(同上)

12. 《中國夷狄說》(寶永七年)

13. 《尚齋先生大學仮名筆記》(同上)

14. 《尚齋先生講絅齋先生聖學圖》(同上)

15. 《爲學要說》(正德元年)

16. 《同姓爲後復稱呼說》(正德二年)

17. 《太極圖說講義》(同上)

18. 《物猶事說》(同上)

19.《大學忠信說》（同上）

20.《敬齋箴筆記》（同上）

21.《易學啓蒙筆記》（正德三年）

22.《康誥曰如保赤子一節》（同上）

23.《中夷論》（同上）

24.《家禮講義》（同上）

25.《木主題名節》（同上）

26.《喪服制度考》（同上）

27.《祔位祔祭諸圖》（同上）

28.《洪範全書續錄》（正德四年）

29.《默識錄》開始執筆（同上）

30.《說字義詳開卷講義》（同上）

31.《讀孟子求放心章筆記》（正德五年）

32.《馮貞白以朱子云云筆記》（享保元年）

33.《曾子曰三省章三字傳不習之辨》（同上）

34.《太極圖說筆記舊說》（享保二年）

35.《讀洪範全書筆記》（享保三年）

36.《太極辨》（同上）

37.《湯武論》（同上）

38.《答稻葉正義書》（同上）

39.《答鈴木氏太極說》（同上）

40.《重固問目》（同上）

41.《中庸分畫說》（享保四年）

42.《曾點章大意》（同上）

43.《大學正心章有所說》（同上）

44.《定而後能靜》（同上）

45.《藏荀遺言》（同上）

46.《辨若林氏洪範全書問目章》（享保五年）

47.《八條目欲先在而後說》（同上）

48.《仁說圖考》（同上）

49.《大學三綱領口義》（享保六年）

50.《大學誠意章講義》（同上）

51.《朝聞道章口義》（同上）

52.《禮和章》（同上）

53.《論父在爲母夫爲妻死三年不娶之義》（同上）

54.《殤服考》（同上）

55.《白鹿洞書院揭示》（享保七年）

56.《大學講義》開始執筆（同上）

57.*《大學補傳筆記》（同上）

58.*《壬寅初冬說孟子發端口義》（同上）

59.《雜談錄》（久米訂齋記，同上）

60.《祭祀略禮》（享保八年）

61.《論功用之神妙用之神》（同上）

62.《春秋傳序德非禹湯談》（同上）

63.《書社倉志後》（同上）

64.《神主題名考》（同上）

65.《祭異姓無後者說》（同上）

66.《祭祀來格說口義》（同上）

67.《易學啓蒙本圖書筆記》（享保九年）

68.《大學講義》（同上）

69.《克己銘》(同上)

70.《仁義說》(同上)

71.《批策》(孔子追王釋奠說，同上)

72.《用神主說》(享保十年)

73.《神主題名議》(同上)

74.《啓蒙傳疑筆記》(同上)

75.《讀中庸輯略筆記》(同上)

76.《論孟集註置圖說》(同上)

77.《書味池修居讀管仲召忽章筆記後》(同上)

78.《家禮筆記》(享保十一年)

79.《潔靜精微說》(同上)

80.《性相近也章》(同上)

81.《家禮祔位考》(同上)

82.《孟子筆記》(享保十一年前後)

83.《易經本義筆記》(享保十二年)

84.《大學續筆記》(同上)

85.《父母喪止於三年說》(同上)

86.《讀大學書說》(同上)

87.《王世貞家禮或問須知抄略》(同上)

88.*《爲貧說》(享保十三年)

89.《小學筆記》(同上)

90.《聖人德有優劣說》(同上)

91.《一貫章筆記》(同上)

92.*《體用顯微考》(享保十四年)

93.《論孟子養氣之論發前聖所未發》(同上)

94.《父母存不許友以死說考》（同上）

95.《智藏說》（同上）

96.《讀近思錄筆記》（同上）

97.《朱易衍義筆記》（享保十五年）

98.《孝經刊誤筆記》（同上）

99.《讀愛蓮說口義評》（同上）

100.《白鹿洞揭示筆記》（同上）

101.《仁說問答講義》（同上）

102.《四端七情辨》（同上）

103.《手足並用不害主一說》（主一主事說，同上）

104.《續西銘筆記》（享保十六年）

105.《大學尚齋先生講義》（同上）

106.《易學啓蒙筆記續》（同上）

107.《中和集說筆記》（同上）

108.《以直報怨說》（同上）

109.《子謂韶章筆記》（同上）

110.《易學啓蒙口義》（同上）

111.《尚齋先生鬼神語錄》（同上）

112.《尚齋先生與岩崎翁論仁說》（同上）

113.《以直報怨說答天木》（同上）

114.《曾點章與多田篤靜》（享保十七年）

115.《易經筆記本義續》（享保十八年）

116.《大學章句筆記》（同上）

117.《培根達支堂記》（同上）

118.《答或問培根達支》（同上）

119.《太極圖說筆記》（享保十九年）

120.《太極圖說講義》（同上）

121.《中庸章句筆記》（同上）

122.《仁說問答筆記》（同上）

123.《大學或問筆記》（同上）

124.《玉山講義口義》（同上）

125.《通書筆記》（享保十九年前後）

126.《內外賓主說》（享保二十年）

127.《論朱子禮知字解》（同上）

128.《論王蠋忠臣不仕二君貞女不更二夫語》（元文元年）

129.《易經本義筆記續續》（同上）

130.《易學啓蒙筆記續續》（同上）

131.《岡野氏爲天木氏執心喪考》（同上）

132.《中庸序道心人心說》（元文二年）

133.《論語讀法筆記》（同上）

134.《大學講義》（同上）

135.《立不中門說》（元文三年）

136.《復竹內氏書》（同上）

137.《中庸章句續筆記》（元文四年）

138.《克己章筆記》（同上）

139.《復讀中庸首章說筆記》（元文四年前後）

140.《默識錄》完成（同上）

141.《朱子論語集注收伯玉不對出之事說》（元文五年）

142.《性論明備錄筆記》（同上）

143.《論沖漠無眹條》（同上）

(二)以下是年代不明之著作:

144.《伊洛淵源錄筆記》

145.《訓子帖講義》

146.《孝經刊誤口義》

147.《詩經筆記》

148.*《詩經拔書》

149.《詩經物產》

150.《詩經大意口義》

151.《六藝口義》

152.《髮說》

153.《牢說》

154.《借文穰鉏考》

155.《知藏論筆劄》

156.《中庸講義》

157.《中庸或問筆記》

158.《鄉尊說》

159.《尚齋先生問目》

160.《性論發端一節私解》

161.《大學圖說筆記》

162.《大學國字筆記》

163.《大學語類知止能得辨節》

164.《中庸章句講說》（白鳥良輔筆錄）

165.《弟及記》

166.《都鄙往來書簡》

191.《下學上達章》

192.《孝弟以求仁章筆記》

193.《已字說》

194.《克己章》

195.《論孟仁字注偏專言前後筆記》

196.《答多田氏管召君臣之分》

197.《再論管召君臣之分》

198.《論語口義》

199.《附祠堂考後》

200.《殿屋四注厦屋兩下說》

201.《大宗小宗諸圖》

202.《舅姑服論》

203.《喪服考》

204.《君臣喪服》

205.《心喪應事考》

206.《嫡男喪式》

207.《誌石碑之考》

208.《殤考說》

209.《立祠堂設神主》

210.《深衣考》

211.《立嗣以弟說》

212.《生子式》（長谷川某筆錄）

213.《尚齋先生文集》

214.*《大學正心章筆記》

215.《大學補闕略講義》（或許是元祿十二年以後的作品）

216.*《助字雅》（寬延四年大塚氏筆記）

參考文獻

1. 《日本道學淵源錄》(「楠本端山碩水全集」，葦書房，昭和五十五年)

2. 《先達遺事》(稻葉默齋，「日本儒林叢書」第三卷，《近世儒家史料》中冊)

3. 《墨水一滴》(同上)

4. 《吾學源流》(渡邊豫齋，「日本儒林叢書」第三卷，《近世儒家史料》中冊)

5. 《學思錄抄》(久米訂齋著，岡直養，文成社，昭和六年)

6. 《南狩錄付錄》(岡直養，文成社，昭和六年)

7. 《三宅尚齋先生事略》(梅澤芳男，《山崎闇齋及其門流》，明治書房，昭和十八年)

8. 〈三宅尚齋〉(井上哲次郎，《日本朱子學派之哲學》，富山房，明治三十八年)

9. * 〈三宅尚齋〉(岩橋遵成著，《近世日本儒學史》上，東京寶文館，昭和二年)

10. 〈三宅尚齋之人物〉(糸賀國次郎，《海南朱子學發達之研究》，成美堂書店，昭和十年)

11. 〈三宅尚齋的庶民小學教育說和培根達支堂〉(阿部吉雄著，《漢學會雜誌》第八編第一號，昭和十五年)

12. * 〈山崎闇齋的思想和朱子學〉(尾藤正英著，《史學雜誌》

第六十五編第九號，史學會，昭和三十一年）

13.〈三宅尚齋的神道批判和鬼神來格思想〉（平重道著，《東北大文科紀要》六，昭和三十五年）

14.〈三宅尚齋〉（翠川文子著，「朱子學大系」第十二卷《日本的朱子學》，明德出版社，昭和五十二年）

15.《楠本端山》（岡田武彥著，明德出版社，昭和五十三年）

16.《崎門學派諸家之略傳及其學風》（阿部隆一著，「日本思想大系」第三十一卷《山崎闇齋學派》，岩波書店，昭和五十五年）

17.《近世儒家思想史之研究》（衣笠安喜著，法政大學出版局，昭和五十一年）

18.《江戶期的儒學》（岡田武彥著，木耳社，昭和五十七年）

19.《中國思想的理想和現實》（岡田武彥編，木耳社，昭和五十八年）

20.《山崎闇齋》（岡田武彥著，明德出版社，昭和六十年）

21.*《江戶的儒學──「大學」受容的歷史》（源了圓編，思文閣出版社，昭和六十三年）

22.*《淺見絧齋・若林強齋》（石田和夫、牛尾弘孝著，明德出版社，平成二年）

23.《播磨鑑》（平野庸修編，寶歷十二年）

24.《明石的月影》（小野重雄著，明石市平井印刷所，昭和六年）

25.《播州明石記錄》（櫻谷忍校訂編集，明石保存會，昭和十四年）

26.《兵庫縣人物事典》上卷（野路菊文庫，昭和四十一年）

27.《吉川町史》（吉川町誌刊行委員會，昭和四十五年）

　　著作及參考文獻，以拙著《三宅尚齋》（「日本的思想家」叢書，明德出版社，1990（平成二）年）爲基礎，有＊記號者，皆爲拙著刊行後，從町立高鍋圖書館以及其他資料部門所收集到的新資料。

索　引

一、人名索引

三　畫

四　　畫

十 二 畫

十 三 畫

二十二畫

二、書名索引

一　　畫

二　　畫

三　　畫

四　　畫

五　畫

六 畫

九　　畫

十　　畫

十 一 畫

十 六 畫

十 七 畫

十 八 畫

世界哲學家叢書 (九)

書　　　　名	作　者	出版狀況
朋　謔　斐　爾	平　新　卓	撰　稿　中

世界哲學家叢書(八)

書　　　　　名	作　者	出　版　狀　況
石　　里　　克	韓林合	撰　稿　中
維　根　斯　坦	范光棣	撰　稿　中
愛　　耶　　爾	張家龍	撰　稿　中
賴　　　　　爾	劉建榮	撰　稿　中
奧　　斯　　丁	劉福增	已　出　版
史　　陶　　生	謝仲明	撰　稿　中
赫　　　　　爾	馮耀明	撰　稿　中
帕　爾　費　特	戴　華	撰　稿　中
魯　　一　　士	黃秀璣	已　出　版
珀　　爾　　斯	朱建民	撰　稿　中
詹　　姆　　斯	朱建民	撰　稿　中
杜　　　威	李常井	撰　稿　中
蒯　　　　　英	陳　波	撰　稿　中
帕　　特　　南	張尚水	撰　稿　中
庫　　　　　恩	吳以義	撰　稿　中
拉　卡　托　斯	胡新和	撰　稿　中
洛　　爾　　斯	石元康	已　出　版
諾　　錫　　克	石元康	撰　稿　中
羅　　　　　蒂	范　進	撰　稿　中
馬　克　弗　森	許國賢	排　印　中
希　　　　　克	劉若韶	撰　稿　中
尼　　布　　爾	卓新平	已　出　版
馬丁・布　伯	張賢勇	撰　稿　中
蒂　　里　　希	何光滬	撰　稿　中
德　　日　　進	陳澤民	撰　稿　中

世界哲學家叢書 (七)

書　　　　　名	作　　者	出版狀況
哈 伯 馬 斯	李 英 明	已 出 版
榮	劉 耀 中	撰 稿 中
柏 格 森	尚 建 新	撰 稿 中
皮 亞 杰	杜 麗 燕	撰 稿 中
別 爾 嘉 耶 夫	雷 永 生	撰 稿 中
縮 洛 維 約 夫	徐 鳳 林	撰 稿 中
馬 利 丹	楊 世 雄	撰 稿 中
馬 賽 爾	陸 達 誠	已 出 版
梅 露·彭 廸	岑 溢 成	撰 稿 中
阿 爾 都 塞	徐 崇 溫	撰 稿 中
葛 蘭 西	李 超 杰	撰 稿 中
列 維 納	葉 秀 山	撰 稿 中
德 希 達	張 正 平	撰 稿 中
呂 格 爾	沈 清 松	撰 稿 中
富 科	于 奇 智	撰 稿 中
克 羅 齊	劉 綱 紀	撰 稿 中
布 拉 德 雷	張 家 龍	撰 稿 中
懷 德 黑	陳 奎 德	撰 稿 中
玻 爾 戈 革		已 出 版
卡 納 普	林 正 弘	撰 稿 中
卡 爾 巴 柏	莊 文 瑞	撰 稿 中
柯 靈 烏	陳 明 福	撰 稿 中
羅 素	陳 奇 偉	撰 稿 中
穆 爾	楊 樹 同	撰 稿 中
弗 雷 格	趙 汀 陽	撰 稿 中

世界哲學家叢書（六）

書　　　　名	作　　者	出　版　狀　況
祁　　克　　果	陳　俊　輝	已　出　版
彭　　加　　勒	李　醒　民	排　印　中
馬　　　　赫	李　醒　民	撰　稿　中
費　爾　巴　哈	周　文　彬	撰　稿　中
恩　　格　　斯	金　隆　德	撰　稿　中
馬　　克　　斯	洪　鎌　德	撰　稿　中
普　列　哈　諾　夫	武　雅　琴	撰　稿　中
約　翰　彌　爾	張　明　貴	已　出　版
狄　　爾　　泰	張　旺　山	已　出　版
弗　洛　依　德	陳　小　文	撰　稿　中
阿　　德　　勒	韓　水　法	撰　稿　中
史　賓　格　勒	商　戈　令	已　出　版
布　倫　坦　諾	李　　　河	撰　稿　中
韋　　　　伯	陳　忠　信	撰　稿　中
卡　　西　　勒	江　日　新	撰　稿　中
沙　　　　特	杜　小　真	撰　稿　中
雅　　斯　　培	黃　　　藿	已　出　版
胡　　塞　　爾	蔡　美　麗	已　出　版
馬克斯・謝勒	江　日　新	已　出　版
海　　德　　格	項　退　結	已　出　版
漢　娜　鄂　蘭	蔡　英　文	撰　稿　中
盧　　卡　　契	謝　勝　義	撰　稿　中
阿　多　爾　諾	章　國　鋒	撰　稿　中
馬　爾　庫　斯	鄭　　　湧	撰　稿　中
弗　　洛　　姆	姚　介　厚	撰　稿　中

世界哲學家叢書(五)

書　　　　　名	作　者	出版狀況
亞里斯多德	曾仰如	已　出　版
柏　　羅　丁	趙敦華	撰　稿　中
聖奧古斯丁	黃維潤	撰　稿　中
安　瑟　倫	趙敦華	撰　稿　中
伊本‧赫勒敦	馬小鶴	已　出　版
聖多瑪斯	黃美貞	撰　稿　中
笛　卡　兒	孫振青	已　出　版
蒙　　田	郭宏安	撰　稿　中
斯賓諾莎	洪漢鼎	已　出　版
萊布尼茲	陳修齋	撰　稿　中
培　　根	余麗嫦	撰　稿　中
霍　布　斯	余麗嫦	撰　稿　中
洛　　克	謝啓武	撰　稿　中
巴　克　萊	蔡信安	已　出　版
休　　謨	李瑞全	已　出　版
托馬斯‧銳德	倪培林	撰　稿　中
伏　爾　泰	李鳳鳴	撰　稿　中
孟德斯鳩	侯鴻勳	排　印　中
盧　　梭	江金太	撰　稿　中
帕　斯　卡	吳國盛	撰　稿　中
達　爾　文	王道遠	撰　稿　中
康　　德	關子尹	撰　稿　中
費　希　特	洪漢鼎	撰　稿　中
謝　　林	鄧安慶	撰　稿　中
黑格爾	徐文瑞	撰　稿　中

世界哲學家叢書(四)

書　名	作　者	出版狀況
知訥	韓基斗	撰稿中
李栗谷	宋錫球	已出版
李退溪	尹絲淳	撰稿中
空海	魏常海	撰稿中
道元	傅偉勳	撰稿中
伊藤仁齋	田原剛	撰稿中
山鹿素行	劉梅琴	已出版
山崎闇齋	岡田武彥	已出版
三宅尚齋	海老田輝巳	已出版
中江藤樹	木村光德	撰稿中
貝原益軒	岡田武彥	已出版
荻生徂徠	劉梅琴	撰稿中
安藤昌益	王守華	撰稿中
富永仲基	陶德民	撰稿中
石田梅岩	李甦平	撰稿中
楠本端山	岡田武彥	已出版
吉田松陰	山口宗之	已出版
福澤諭吉	卞崇道	撰稿中
岡倉天心	魏常海	撰稿中
中江兆民	畢小輝	撰稿中
西田幾多郎	廖仁義	撰稿中
和辻哲郎	王中田	撰稿中
三木清	卞崇道	撰稿中
柳田謙十郎	趙乃章	撰稿中
柏拉圖	傅佩榮	撰稿中

世界哲學家叢書 (三)

書名	作者	出版狀況
大慧宗杲	林義正	撰稿中
袾宏	于君方	撰稿中
憨山德清	江燦騰	撰稿中
智旭	熊琬	撰稿中
康有為	汪榮祖	撰稿中
章太炎	姜義華	已出版
熊十力	景海峰	已出版
梁漱溟	王宗昱	已出版
金岳霖	胡軍	已出版
張東蓀	胡偉希	撰稿中
馮友蘭	殷鼎	已出版
唐君毅	劉國強	撰稿中
賀麟	張學智	已出版
宗白華	葉朗	撰稿中
龍樹	萬金川	撰稿中
無著	林鎮國	撰稿中
世親	釋依昱	撰稿中
商羯羅	黃心川	撰稿中
維韋卡南達	馬小鶴	撰稿中
泰戈爾	宮靜	已出版
奧羅賓多·高士	朱明忠	撰稿中
甘地	馬小鶴	已出版
拉達克里希南	宮靜	撰稿中
元曉	李箕永	撰稿中
休靜	金煐泰	撰稿中

世界哲學家叢書 (一)

書　　　　名	作　　者	出版狀況
王　陽　明	秦家懿	已　出　版
李　卓　吾	劉季倫	撰　稿　中
方　以　智	劉君燦	已　出　版
朱　舜　水	李甦平	已　出　版
王　船　山	張立文	撰　稿　中
眞　德　秀	朱榮貴	撰　稿　中
劉　蕺　山	張永儁	撰　稿　中
黃　宗　羲	吳　光	撰　稿　中
顧　炎　武	葛榮晉	撰　稿　中
顏　　　元	楊慧傑	撰　稿　中
戴　　　震	張立文	已　出　版
竺　道　生	陳沛然	已　出　版
眞　　　諦	孫富支	撰　稿　中
慧　　　遠	區結成	已　出　版
僧　　　肇	李潤生	已　出　版
智　　　顗	霍韜晦	撰　稿　中
吉　　　藏	楊惠南	已　出　版
玄　　　奘	馬少雄	撰　稿　中
法　　　藏	方立天	已　出　版
惠　　　能	楊惠南	已　出　版
澄　　　觀	方立天	撰　稿　中
宗　　　密	冉雲華	已　出　版
永　明　延　壽	冉雲華	撰　稿　中
湛　　　然	賴永海	已　出　版
知　　　禮	釋慧嶽	排　印　中

世界哲學家叢書 (一)

書　　　　名	作　　者	出 版 狀 況
孟　　　　子	黃　俊　傑	已　出　版
荀　　　　子	趙　士　林	撰　稿　中
老　　　　子	劉　笑　敢	撰　稿　中
莊　　　　子	吳　光　明	已　出　版
墨　　　　子	王　讚　源	撰　稿　中
淮　　南　　子	李　　增	已　出　版
賈　　　　誼	沈　秋　雄	撰　稿　中
董　　仲　　舒	章　政　通	已　出　版
揚　　　　雄	陳　福　濱	已　出　版
王　　　　充	林　麗　雪	已　出　版
王　　　　弼	林　麗　真	已　出　版
阮　　　　籍	辛　　旗	撰　稿　中
嵇　　　　康	莊　萬　壽	撰　稿　中
劉　　　　勰	劉　綱　紀	已　出　版
周　　敦　　頤	陳　郁　夫	已　出　版
邵　　　　雍	趙　玲　玲	撰　稿　中
張　　　　載	黃　秀　璣	已　出　版
李　　　　覯	謝　善　元	已　出　版
楊　　　　簡	鄭　曉　江	撰　稿　中
王　　安　　石	王　明　蓀	撰　稿　中
程顥、程　頤	李　日　章	已　出　版
朱　　　　熹	陳　榮　捷	已　出　版
陸　　象　　山	曾　春　海	已　出　版
陳　　白　　沙	姜　允　明	撰　稿　中
王　　廷　　相	葛　榮　晉	已　出　版